netzwerk
recherche

nr-Werkstatt:
Presserecht
Praxis-Wissen für den Paragraphen-Dschungel

Informationsrechte nutzen – Transparenzkultur ausweiten

Es gibt eine einfache journalistische Faustregel: mit der Relevanz und der Substanz einer gut recherchierten story wachsen auch die juristischen Auseinandersetzungen. Denn meist sind ökonomische und politische Interessen tangiert. Illegale Praktiken, zweifelhafte deals und handfeste Korruption sollen aus Sicht der betroffenen Akteure nicht ans Tageslicht. Um dieses Ziel zu erreichen ist oft jedes (juristische) Mittel recht: es beginnt mit dem restriktiven Umgang und Blockaden bei den gesetzlich garantierten Informationsansprüchen; Informanten werden eingeschüchtert und drangsaliert. Schließlich werden Persönlichkeitsrechte und Geschäftsgeheimnisse ins Feld geführt, selbst wenn das öffentliche Interesse an einer seriösen Berichterstattung offensichtlich ist.

In der vorliegenden nr-werkstatt „Presserecht" vermitteln die Autoren das nötige Praxis-Wissen um im Paragraphen-Dschungel und konkreten Interessenkonflikten zu bestehen. Wer im journalistischen Alltag die kompakt präsentierten Grundkenntnisse beherzigt, wird den praktischen Nutzen in der Recherche und Umsetzung rasch bemerken.

Die bilanzierenden Texte zum Stand der Presse- und Meinungsfreiheit in Deutschland illustrieren in der skizzierten Chronologie, dass auch hier der Grundsatz gilt: verordnete Grundrechte sind kein bequemes Ruhekissen, sie müssen immer wieder erstritten werden. Dieses Leitmotiv gilt ganz besonders für die Informationsansprüche aus den Landespressegesetzen, dem Informationsfreiheitsgesetz, dem Umweltinformationsgesetz oder bei den Auskunftsrechten gegenüber Unternehmen. Wenn Journalisten selbst diese noch viel zu schwachen Rechte zu zögerlich nutzen, ist eine dringend notwendige Ausdehnung der gesetzlichen Bestimmungen kaum denkbar. Nur durch eine intensive Nutzung dieser Auskunftsrechte und der Veröffentlichung der so geschöpften Substanz-Ergebnisse kann der Öffentlichkeit Sinn und Nutzen dieser „Rechte" glaubwürdig vermittelt werden. Vor Jahren sagte ein Chef einer mittelgroßen Staatskanzlei noch: „Warum sollen wir freiwillig die Hosen runterlassen und das Informationsfreiheitsgesetz einführen?" Diese Einstellung prägt auch heute noch den (getarnten) Geist der Spitzenpolitik und der Ministerialbürokratie.

Diese weit verbreitete Haltung kollidiert massiv mit den Transparenz-Forderungen der Bürger. Denn – Transparenz als Leitwert der Demokratie – ist ein einfacher und effizienter Kontrollfilter gegen Amtsmissbrauch und Korruption.

Wer also den demokratischen Prozess beflügeln und den Institutionen einen Vitalisierungsschub verleihen will, muß sich für wirksame Informationsrechte einsetzen. Die vorliegende nr-Werkstatt zeigt die (bisherigen) Grenzen der Informationsansprüche auf und skizziert die Chancen für die journalistische Praxis. Auf diese Chancen kommt es an; wenn sie häufiger genutzt würden, bekäme die vielfach geforderte Transparenz-Kultur als funktionierende Kläranlage in der Demokratie einen dynamischen Schub.

Prof. Dr. Thomas Leif
Vorsitzender netzwerk recherche e. V.

Bereits 2005 hat netzwerk recherche e. V. eine nr-Werkstatt zum Thema Pressefreiheit publiziert. Die hier publizierten Texte können online unter www.netzwerkrecherche.de heruntergeladen werden.

Max Stadler: Ein paar Gedanken zum Stand der Pressefreiheit

Rede auf der netzwerk recherche e.V.-Konferenz an der TU-Dortmund
Dokumentiert von NATASCHA TSCHERNOSTER

Leider bin ich schon alt genug, dass ich mich an die Spiegel-Affäre persönlich erinnern kann. Ich hatte eigentlich damals gedacht, mit der Auseinandersetzung um die Spiegel-Affäre sei der Wert der Pressefreiheit in Deutschland ein für allemal geklärt. Aber das dem nicht so ist, mussten wir in der Folgezeit feststellen. Als Passauer erinnere ich mich noch gut an eines der frühen Stücke des Passauer Kabarettisten Sigi Zimmerschied. In ihm sitzen zwei Männer auf einer Parkbank, einer liest eine Zeitung, die Passauer Presse. Nachdem er die Zeitung gelesen hat, legt er diese zur Seite auf die Parkbank. Der andere fragt: „Ist diese Zeitung frei?" Und um diese Frage entspinnt sich dann ein Diskurs über damals sehr aktuell diskutierte Fragen der inneren Pressefreiheit und der Meinungspluralität innerhalb einer Zeitung, insbesondere einer lokalen Monopolzeitung, und um Fragen von wirtschaftlichen Abhängigkeiten und Ähnlichem. So sieht man: Auch Jahre nach der Spiegel-Affäre war die Pressfreiheit für Kabarettisten ein Anlass, tiefschürfende Fragen zu stellen.

Es ist selbstverständlich, dass kein Politiker über Pressefreiheit in Deutschland spricht, ohne den berühmten Satz des Bundesverfassungsgerichtes zu zitieren: „Die Pressefreiheit ist schlechthin konstituierend für die Demokratie", sagt das Bundesverfassungsgericht zu Recht. Und das ist keine Übertreibung, denn die Geschichte der Skandale in der Bundesrepublik Deutschland ist auch eine Geschichte der Erfolge des investigativen Journalismus. Es gibt eine Fülle von Skandalen, die Parteispendenskandale zum Beispiel, die große politische Diskussionen ausgelöst haben und die überhaupt nur deswegen in die öffentliche Debatte gekommen sind, weil es in Deutschland einen Qualitätsjournalismus gibt, der hier Missstände aufgedeckt hat. Es war eigentlich immer die Institution der freien Presse und weniger andere Institutionen, die sich hier verdient gemacht haben.

Ich selber hatte ein Erlebnis in dieser Richtung während meiner Tätigkeit im BND-Untersuchungsausschuss: Der Fall Murat Kurnaz. Ein in Deutschland wohnender türkischstämmiger junger Mann ist in Guantanamo fünf Jahre seines Lebens unter erbärmlichen Bedingungen der Folter und Ungewissheit, was aus ihm wird, ausgesetzt. Ohne

Möglichkeit, die Angehörigen zu verständigen, ohne Haftbefehl, ohne richterliche Entscheidung und lange Zeit ohne anwaltlichen Beistand. Ich musste erleben, dass das geschehen konnte und dass dann die deutsche Politik nicht den Mut gehabt hat, die Rückkehr von Murat Kurnaz nach Deutschland zu betreiben, sondern dass man ganz im Gegenteil in absurder Auslegung einer dafür nicht gedachten ausländerrechtlichen Bestimmung gesagt hat, wer sich sechs Monate außerhalb des Geltungsbereichs des Grundgesetztes befindet, verliert seinen Aufenthaltstatus und damit sein Rückkehrrecht. Wobei es ausgereicht hätte, wenn Murat Kurnaz eine Postkarte aus Guantanamo geschickt hätte, um innerhalb der Sechsmonats-Frist zu melden, dass er seinen Wohnsitz in Deutschland aufrechterhalten will. Nur dort war keine Briefmarke zur Verfügung. Es war ihm nicht möglich. Dass diese Absurdität von deutschen Behörden ausgesprochen wurde, nämlich vom deutschen Innenministerium, und dann erst gerichtlich korrigiert werden musste, gehört zu dem Schlimmsten, was ich in meiner Tätigkeit im Bundestag erlebt habe oder zu bearbeiten hatte. Auch dieser Fall ist ein Beispiel dafür, dass ein solcher Missstand durch den Journalismus überhaupt erst zu einem Vorgang geworden ist. Wir als Parlamentarier haben dann nachgezogen und haben versucht, die Einzelheiten aufzuklären. Aus diesem Grund dürfen sie mir glauben, dass es uns ernst ist und dass es nicht Thema von Sonntagsreden ist, wenn wir die Pressefreiheit in ihrer praktischen Ausformung auch jetzt in der neuen Bundesregierung weiter stärken wollen. Und ich bin der Meinung, dass die Vorgänge um das Magazin Cicero Anlass geben, dass wir gesetzgeberisch tätig sind.

Das ist daher mein erstes Stichwort: Unser Gesetzentwurf zur Stärkung der Pressefreiheit.

Der Fall Cicero ist übrigens nur der Bekannteste, aber bei weitem nicht der Einzige. Uns sind viele Fälle bekannt gemacht worden, in denen immer dasselbe Schema angewendet worden ist: Es ging darum, dass Informationen, die bei Behörden als geheim eingestuft waren, an Journalisten gelangt sind und von ihnen verwendet worden sind. Man hat die ist undichten Stellen in den Behördenapparaten nicht gefunden, ist also der eigentlichen Straftäter nicht habhaft geworden. Denn Geheimnisverrat ist ja in der Tat unter Strafe gestellt. Die Justiz ist dann so vorgegangen, dass sie gegen Journalisten das fragwürdige juristische Konstrukt der Beihilfe zum Geheimnisverrat angewandt hat. So wurde ein Ermittlungsverfahren eingeleitet, um die Gelegenheit zu bekommen, Durchsuchungen in Redaktionsräumen – im Fall Cicero übrigens auch in der Privatwohnung des betroffenen Journalisten, wo er ein Arbeitszimmer hatte – und Beschlagnahmen vorzunehmen. Und alles stützte sich dann auf diesen Verdacht der Beihilfe.

Bei diesem Thema möchte ich mich nicht mit dem Einwand zufrieden geben, dass alles schon ausreichend geregelt sei. Denn als der Fall Cicero öffentlich Wogen geschlagen hat, haben wir darüber aus der Opposition heraus – alle Oppositionsfraktionen – eine Debatte im Innenausschuss des Bundestags herbeigeführt. Der damalige Bundesinnenminister hat mit Vehemenz die Rechtmäßigkeit dieser Durchsuchungen und Beschlagnahmen vertreten. Das war noch bevor das durch den Instanzenzug ging. Wir haben damals schon widersprochen und gesagt, dass kann nicht richtig sein. Aber es gibt zu denken, dass es bis zum Bundesverfassungsgericht gedauert hat, ehe die Grundgesetzwidrigkeit dieser Maßnahmen festgestellt worden ist. Wir haben damals, noch bevor der Fall nach Karlsruhe gelangt war, eine fraktionsinterne Anhörung gehalten, wie man dem entgegentreten könnte. Als das juristische Problem hat sich da dargestellt, dass die Haupttat, nämlich der Geheimnisverrat durch den Behördenangehörigen mit der Hinausgabe der eingestuften Information an den Journalisten schon vollendet ist. Allerdings, da haben die Juristen eine feinsinnige Unterscheidung, ist sie dann noch nicht beendet. Die Beendigung kann man nach einer vertretbaren Meinung darin sehen, dass dann die Information tatsächlich verwertet und veröffentlicht wird. Und nun gibt es unter Strafrechtlern einen dogmatischen Streit, denn Beihilfe kann man eigentlich nur zu einer Tat leisten, die noch im Gange ist. Und die richtige Meinung wäre: An einer vollendeten Tat kann gar keine Beihilfe mehr geleistet werden. Aber es wird eben auch die Auffassung vertreten, dass sei sehr wohl möglich. Und es sei eigentlich nicht Sache des Gesetzgebers, solche dogmatischen Streitigkeiten unter Strafjuristen auszutragen. Das könne man der Rechtsprechung überlassen, In diesem Fall haben wir uns für den gegenteiligen Weg entschieden und sind nach wie vor der Meinung, dass wir als Gesetzgeber eine Klarstellung vornehmen müssen. Denn es geht um den Schutz der Pressefreiheit. Denn selbstverständlich ist der Informantenschutz gefährdet, wenn dieser Umweg über eine Kriminalisierung von Journalisten weiter gangbar wäre. Deswegen müssen wir ausnahmsweise selber eingreifen, was wir sonst nicht tun würden, wenn in einem Strafrechtskommentar steht „strittig, anderer Ansicht ist der und der".

Hier ist ein Eingriff des Gesetzgebers aber geboten, denn selbst die Cicero-Entscheidung des Bundesverfassungsgerichts führte nicht zur letzten Rechtssicherheit. In der Cicero-Entscheidung ist gesagt worden, man brauche mehr Verdachtsmomente dafür, dass die Behörde oder der Behördenangehörige die eingestufte Information mit der Zielsetzung der Veröffentlichung hinausgegeben habe. Es könne ja sein, dass die Information zufällig an einen Journalisten geraten ist. Man lässt einen Aktendeckel aus Versehen in der UBahn liegen, ein Fall, der ja häufig vorkommt. Ein Journalist fährt ebenso zufällig UBahn und bekommt so die Informationen. Und das, so hat das Bundesverfassungsgericht gemeint, sei ja nicht auszuschließen.

Die Cicero-Entscheidung bietet mir nicht genug Sicherheit für Sie als recherchierende Journalisten. Sie lässt die Möglichkeit offen, dass es doch wieder zu solchen Durchsuchungen und Beschlagnahmen kommt, wenn ausreichende Verdachtsmomente dafür vorliegen, dass der Informant die Veröffentlichung wollte.

Deswegen haben wir den Gesetzentwurf eingebracht, als die neue Koalition gebildet worden ist. Zum Stand des Verfahrens kann ich ihnen eine erfreuliche Neuigkeit übermitteln: Das Plenum des Bundesrates ist der ablehnenden Haltung seines Rechtsausschusses gegenüber unserem Gesetzentwurf nicht gefolgt. Der Rechtsausschuss hatte die ganze Regelung für überflüssig erklärt und unseren Vorschlag zur Verschärfung der Anforderungen an einen Durchsuchungsbeschluss als systemwidrig bewertet. Der Entwurf knüpft die Zulässigkeit von Beschlagnahmen an das das Merkmal des dringenden Tatverdachts. Das geht weit über die frühere Regelung hinaus. (Der Gesetzgeber hatte einmal begonnen mit dem einfachen Tatverdacht und hat dann hinzugefügt, dass Tatsachen den Tatverdacht gegen den Journalisten begründen müssen, dass er selber an einer Straftat wie Beihilfe oder Begünstigung oder Hehlerei oder Strafvereitelung beteiligt sei.) Dazu meinte der Rechtausschuss, das passe nicht in das System, denn das sei die höchste Stufe an Verdacht, die man für strafprozessuale Maßnahme braucht. (Die braucht es etwa beim Haftbefehl, um einmal die Dimension zu zeigen, warum wir hier so hoch greifen.) Eine solche Regelung würde das bewährte Abstufungssystem sprengen. Beides waren Argumente, mit denen man sich auseinander setzen musste. Ich bin schon ein wenig stolz, dass es uns dann gelang, im Plenum des Bundesrates einen gegenteiligen Beschluss herbeizuführen. Wir haben somit eine erste und wichtige Hürde genommen, selbst, wenn das nur die erste Lesung im Bundesrat war. Aber jetzt gehen wir mit der Gewissheit in den Bundestag, dass der Bundesrat unseren Gesetzentwurf nicht zur Ablehnung empfohlen hat. Daher, das ist das, was ich Ihnen heute zur Sachlage schildern kann, habe ich jetzt die große Hoffnung, dass wir bald mit diesem Gesetzentwurf eine Mehrheit im Bundestag bekommen und darauf folgend im zweiten Durchgang auch im Bundesrat. Dann wird auch ein Stück mehr Rechtsicherheit für die recherchierenden Journalisten geschaffen werden. Ein Stück mehr Informantenschutz und damit insgesamt, wenn man auch noch die Regelung zur Beschlagnahme hinzunimmt, ein Stück mehr Pressefreiheit an einer Stelle, wo sich in den vergangenen Jahren Lücken gezeigt haben, die noch nicht völlig befriedigend geschlossen sind.

Das zweite Stichwort lautet: Die schwierige Abwägung zwischen miteinander konkurrierenden und kollidierenden Grundrechten

Es erinnert mich ich ein wenig an meine Zeit, als ich noch Assistent an der Universität war und unser Lehrstuhl ein Seminar zum allgemeinen Persönlichkeitsrecht angeboten hat. Ich hatte das zu betreuen, und wir vergaben die Seminarthemen für die Studenten zur Entwicklung des allgemeinen Persönlichkeitsrechts und zur Rechtsprechung, die da Schmerzengeldansprüche geschaffen hat, wo sie im Gesetz gar nicht drinstehen und wie sich das alles entwickelt hat. Eines der Themen war die Abwägung zwischen Pressefreiheit und Persönlichkeitsrecht. Und ich weiß noch wie heute, dass ich meinem Doktorvater Professor Schumann sagte: „Das erscheint mir von den ganzen Seminarthemen das Einfachste." Er sagte dazu: „Ganz im Gegenteil. Das ist in Wahrheit das Allerschwierigste." Und natürlich hat er Recht gehabt, denn wir sehen an der Fülle von Rechtstreitigkeiten, die es dazu trotz einer ausdifferenzierten Rechtsprechung immer noch gibt, dass die Abwägung immer wieder schwierig ist.

Ich will in diesem Thema kurz zur Entwicklung der Rechtsprechung durch das berühmte Urteil des Europäischen Gerichtshofs für Menschenrechte zu Caroline von Hannover kommen. Denn damit ist die Figur der absoluten und der relativen Person der Zeitgeschichte praktisch aufgegeben worden. Ab jetzt muss man hierbei Abwägungen im Einzelfall vornehmen. Und auch die jüngste Verhandlung beim Europäischen Gerichtshof für Menschenrechte passt zu diesem Thema, weil dort gerade die mündliche Verhandlung zu zwei Fällen mit Beteiligung von Caroline von Hannover stattgefunden hat. In dem einen Fall haben die deutschen Instanzen dem Persönlichkeitsrecht den Vorrang vor einer Veröffentlichung gegeben, in dem anderen der Pressefreiheit. Die Bundesregierung ist damit befasst gewesen; sie hat eine Stellungnahme zu dem Verfahren abgegeben. Wir haben die deutsche Rechtsprechung in beiden Fällen für richtig gehalten. Aus unserer Sicht ist das so, weil Einzelfallabwägungen durchaus dazu führen können, dass einmal der Pressefreiheit der Vorrang gegeben wird und ein anderes Mal unter Abwägung dem Schutz der Privatsphäre. Wir haben gemeint, dass die Abwägung in beiden Fällen richtig vorgenommen worden ist, warten aber natürlich auch mit Spannung auf das Ergebnis des Gerichts.

Genauso wie ja vor wenigen Tagen ein Beschluss des Bundesverfassungsgerichts veröffentlicht worden ist, wonach bei der Bildberichterstattung – es ging um Kinder von Prominenten – Zurückhaltung geboten war, die Textberichterstattung dagegen weiter zugelassen wurde. Ich erwähne dies alles aus folgendem Grund: Weil wir hier in einem Abwägungsbereich verschiedener Grundrechte sind, erscheint es mir sehr schwierig, als Gesetzgeber eingreifen zu wollen. Ich glaube, wir sollten das nicht tun, weil unserer Meinung nach die Rechtsprechung die Differenzierungen insgesamt durchaus in einer überzeugenden Weise entwickelt hat. Wagt man auch, nicht mit jedem Ergebnis eines Richterspruchs konform zu gehen, sehen wir hier keine Notwendigkeit, aber beinahe auch keine Möglichkeit, durch neue Gesetzgebung diese Abwägung vorweg zu nehmen, die eben von den Gerichten nach den Umständen des Einzelfalls vorzunehmen ist.

Damit komme ich zu meinem dritten und letzten Stichwort aus dem Bereich aktueller Probleme der Pressefreiheit: Es geht um neuere Tendenzen in der Berichterstattung oder der Gestaltung von Fernsehsendungen, bei denen sich die Frage nach einer Vorverurteilung durch die Öffentlichkeit und auch nach der Prangerwirkung stellt. Auch hier meinen wir, dass wir als Gesetzgeber nicht gefordert sind, sondern dass es zum Teil auch Fragen der journalistischen Ethik sind. Zum Teil gibt es auch vielleicht im geltenden Recht bereits Ansätze, wie die Vorgänge zu bewerten sind.

Ich möchte als eines der Beispiele die Inhaftierung und Hausdurchsuchung im Fall Zumwinkel nennen. Da finde ich persönlich, dass es zwar nicht verboten ist, in der Weise zu berichten, wie es geschehen ist. Dass man aber bei strafprozessualen Eingriffen sehr sensibel sein muss, weil sogar ein späterer Freispruch nichts mehr an dem altrömischen Grundsatz ändert: Semper aliquid haeret. (Es bleibt immer etwas hängen) Es bleibt doch etwas hängen, wenn jemand als Verdächtiger in der Weise öffentlich vorgeführt wird.

Wir haben allenfalls Anlass, bei den Bestimmungen über die Hausdurchsuchungen eine Schutzbestimmung für die Verdächtigen zu überdenken. In der Strafprozessordnung ist nämlich eine Passage enthalten, die besagt, dass bei einer Hausdurchsuchung immer ein neutraler Zeuge beizuziehen sei. Das sind aber oft keine Vertrauten des Verdächtigen, sondern quivis ex populo sozusagen, irgendjemand aus der Nachbarschaft. Und mir sind wiederholt Fälle zugetragen worden, dass gerade dadurch unfreiwillig eine besondere Öffentlichkeit über den Vorgang hergestellt worden ist, weil womöglich Schweigeverpflichtungen von den Laien nicht eingehalten worden sind. Eine Hausdurchsuchung ist noch keine Verurteilung, aber die öffentliche Berichterstattung kann zu einer Vorverurteilung werden. Deswegen ist nach unserem Verständnis hier auf alle Fälle mit Fingerspitzengefühl vorzugehen. Natürlich ist die Berichterstattung nicht verboten.

Ein etwas anderes Problem stellt sich bei Formaten wie „Tatort Internet“. Das könnte man auch wieder erörtern unter dem Aspekt der Unschuldsvermutung: Da wird Einem entgegengehalten werden, dass hier kein Vorwurf gegen jemanden erhoben wird, der erst noch zu belegen wäre, sondern dass in Echtzeit ein Verhalten dokumentiert wird, das sich der Betroffene dann selber zurechnen lassen muss. Trotzdem hat die Bundesjustizministerin zu Recht gesagt, dass durch ein solches Vorgehen, eine Aushöhlung des Rechtstaats droht. Sie hat es so formuliert: „Es besteht die Gefahr, dass Unschuldige angeprangert und große Schäden angerichtet werden und der Rechtstaat in eine Schieflage gerät. Dies ist ein Risiko und wir müssen aufpassen, dass es keine Vorverurteilungen gibt, bevor die Justiz ermittelt." Man hat also ein gewisses Unbehagen bei einem solchen Format, und wenn es denn zutreffen sollte, dass über Monate bestimmte Informationen über einen Pädophilen zurückgehalten worden sind, der sich anscheinend Minderjährigen genähert hat, und die Behörden nicht verständigt worden sind, damit man den Vorgang in der Sendung der Öffentlichkeit demonstrieren und den Betroffenen dann öffentlich an einen Pranger stellen konnte, dann wäre das doch etwas, wo ich, vorsichtig formuliert, ein ziemliches Unbehagen empfinde.

Ich möchte noch anmerken, dass wir uns bewusst sind, dass Pressefreiheit nicht nur auf rechtlichen Rahmenbedingen basiert, dass sie sich nicht nur auseinanderzusetzen hat mit journalistischer Ethik und dem Aufklärungsanspruch der Öffentlichkeit und der beruflichen Verpflichtung, diesem Aufklärungsanspruch zu entsprechen, sondern dass Pressefreiheit natürlich auch eine wirtschaftliche Basis braucht. Das wäre jetzt aber ein Thema für sich. Ich erwähne es deswegen, weil wir hier im Bundesjustizministerium derzeit eine ganz konkrete Überlegung zu diskutieren haben, einen Teilaspekt aus dem großen Ausschnitt der wirtschaftlichen Basis von Pressefreiheit: Von Verlegerseite wird gesagt, dass die Gratiskultur im Internet nicht im bisherigen Umfang aufrecht erhalten werden dürfe, weil es im Internet besonders leicht zu Urheberrechtsverletzungen kommen könne, indem von Printmedien ins Netz gestellte Inhalte anderweitig verwertet werden. Da geht es nicht um die Zitierfreiheit, die natürlich erhalten werden muss. Aber es sind schon Konstellationen denkbar, wo man sagen könnte, die Zweitverwertung von Inhalten stellt eine Urheberrechtsverletzung dar, die nur dann akzeptabel ist, wenn dafür ein finanzieller Ausgleich geleistet wird. Und damit sind wir in der Diskussion um das Leistungsschutzrecht. Es betrifft auch Sie als Journalisten, denn es laufen ja auch Gespräche zwischen der Verlegerseite und der Journalistenseite, wie man etwaige Einnahmen aus einem erst noch zu schaffenden Leistungsschutzrecht aufteilt, auch auf die, die Inhalte formulieren.

Ich möchte Ihnen dazu mitzuteilen, dass wir in der Koalitionsvereinbarung die Festlegung getroffen haben, dass wir ein Leistungsschutzrecht anstreben. Obwohl die Debatte dazu im Haus mit der Anhörung von Betroffenen bisher sehr kontrovers verlaufen ist, glauben wir aber, dass es am Ende in die

Richtung eines Leistungsschutzrechts gehen wird. Wobei die konkrete Ausgestaltung aber noch nicht feststeht.

Ich darf zum Schluss sagen, dass weder die rechtlichen Rahmenbedingungen noch das wirtschaftliche Fundament das wirklich Allerentscheidendste sind. Das Entscheidende ist etwas, was wir nicht beeinflussen können, das liegt in Ihren Händen. Wir sind der Auffassung, dass wir in Deutschland einen hohen Standard an Qualität im Journalismus haben, auch und gerade im investigativen Journalismus, und dass wir uns freuen, wenn Sie diesen hohen Standard aufrechterhalten. Soweit wir dazu einen Beitrag leisten können, sind wir immer gerne zu einer Diskussion bereit. Denn das Verhältnis von Politikern und Journalisten sollte nicht allein durch das bekannte Zitat geprägt sein, dass die Rache der Journalisten an den Politikern das Archiv sei. Das müssen wir hinnehmen, damit müssen wir leben.

Anschließende Fragerunde:

Das Gesetz zur Stärkung der Pressfreiheit ist ein, wie es im Politikerdeutsch so schön heißt, Schritt in die richtige Richtung. Allein, es gibt ja noch Probleme, die auch eher formaler Natur sind und immer wieder bei verschiedenen Recherchen auftauchen, zum Beispiel das Thema des fliegenden Gerichtsstandes der Presse. Wie ist da die Haltung des Hauses? Denn es ist ja bekannt, dass bestimmte Kammern gerne zuerst angerufen werden, weil man sich davon eine tendenziell freundliche Behandlung des Antragsstellers verspricht. Das ist dann oft auch so. Dann muss durch die zweite oder dritte Instanz gegangen werden, was vor allen Dingen für kleinere Medienunternehmern nicht einfach ist.

Ich will mich hier gar nicht um die Antwort herum drücken, sondern ganz offen eingestehen: Dazu gibt es keinerlei Vereinbarung im Koalitionsvertrag von CDU/CSU und FDP. Das heißt, das ist kein Thema, das zu lösen wir uns verpflichtet hätten. Sondern wir müssen da neu in Gespräche mit unserem Koalitionspartner eintreten, ob eine Bereitschaft besteht, über das Pflichtprogramm, dem wir uns gestellt haben, hinauszugehen. Aus diesem Grund kann ich diesen Wunsch von Ihrer Seite nur als Hausaufgabe mitnehmen nach Berlin, ohne eine Zusage machen zu können, dass die Koalition sie anpacken wird, weil wir da ja auch nicht alleine entscheiden.

Sie hatten sich ja Hoffnungen gemacht, dass die Fachverbände bei Ihrem Gesetzesentwurf mitmachen. Wenn ich die Stellungnahmen der Bundesrechtsanwaltkammer und des deutschen Richterbundes dazu lese, kriegen Sie von beiden erstaunlich einheitlichen Gegenwind. Die sind sich in dem Punkt völlig einig und sagen: Das brauchen wir nicht. Sowohl die Regelungen im materiellen Strafrecht als auch die Änderung der Beschlagnahmeregeln, weil man sagt, hier wird für eine gelegentlich schwerlich zu definierende Gruppe eine Sonderregelung geschaffen, durch die man Auslegungsprobleme bekommt. Wie gehen Sie mit der Kritik dieser beiden großen Verbände um?

Das Argument, dass man die betroffene Gruppe der Journalisten nicht richtig definieren könne, höre ich immer, wenn man zu Gunsten der Pressefreiheit eine Neuerung einführen will. Es ist das Standard-Abwehrargument gegen jegliche Reform und mein Standard-Gegenargument lautet, dass es ja eine Reihe von anerkannten Vorschriften in der Strafprozessordnung gibt, beispielsweise das Zeugnisverweigerungsrecht, in denen genau an die Journalisteneigenschaft angeknüpft wird. Also kann das doch nicht richtig sein, dass da, wo das tradiert ist, das Argument nicht zuträfe, bei einer Neuerung aber schon. Davon lassen wir uns nicht beeindrucken, auch wenn es respektable Vertreter sind, die diese Kritik anbringen. Das Argument, das alles sei überflüssig: Darauf will ich mich nicht verlassen. Hätte es „nur" den, aus meiner Sicht schon sehr schwerwiegenden, Vorgang Cicero gegeben, dann könnte man sagen, der ist abgeschlossen. Causa finita. Das Bundesverfassungsgericht hat das geklärt. Aber wie gesagt, es sind uns ja aus der Praxis eine Fülle von Fällen zugetragen worden. Da sind dann manchmal Publikationen betroffen, die nicht in dem gleichen Maße der breiten Öffentlichkeit bekannt sind. Das hat es alles gegeben und da dies die Praxis der letzten Jahre war, verlasse ich mich nicht darauf, dass wir womöglich jetzt eine Zäsur gehabt haben von einem oder zwei Jahren beschlagnahmefreier Zeit, sondern ich bin der Meinung, da muss der Gesetzgeber Nägel mit Köpfen machen. Und es ist auch gerechtfertigt und es ist auch kein Sonderrecht, denn wir sind ja in der Abwägung, die immer wieder zwischen dem Strafverfolgungsinteresse des Staates und der Pressfreiheit zu treffen ist. Zur Pressefreiheit gehören auch der Informantenschutz und der Rechercheschutz. Und da hier eben einiges schief gelaufen war in der Vergangenheit, ist es sehr wohl unsere Aufgabe, diese Abwägung gesetzgeberisch vorzunehmen.

Sie werden ja wissen, dass wir dann auf die Idee gekommen sind, die Rechtswidrigkeit einer solchen Handlung auszuschließen. Das schafft nämlich wirklich einen umfassenden Schutz. Wenn wir, was auch in der Debatte war, nur einen persönlichen Strafausschließungsgrund geschaffen hätten, wäre nicht so viel erreicht. Mit der Ausschließung der Rechtswidrigkeit sind wir auf einem richtigen Weg. Den vorhin von mir für die Strafjuristen unter Ihnen zitierten Dogmatikstreit haben wir damit, das gebe ich ehrlicherweise zu, nicht ein für allemal für das gesamte StGB geregelt. Also die Frage: Gibt es Beihilfe zum vollendeten Delikt? Das kann weiterhin in juristischen Staatsexamina geprüft werden. Nur für die spezielle Konfliktsituation mit der

Pressefreiheit, da lösen wir jetzt den Fall und ich empfinde das als eines der wichtigsten Reformvorhaben, das wir als neue Bundesregierung angepackt haben. Übrigens gab es auch in der letzten Legislaturperiode von uns den Versuch, das aus der Opposition schon zu bewerkstelligen. Wir wollten das gar nicht auf unsere Fahnen schreiben, wir wollten, dass es kommt. Und es gab bei den damaligen Regierungsfraktionen durchaus Befürworter, aber es hat nicht zu einer Beschlussfassung gereicht und das holen wir jetzt nach.

Warum hat es über 40 Jahre gedauert, bis so ein Gesetzentwurf, so eine Reform mal auf den Weg gebracht wird?

Die Frage können Sie ruhig mir persönlich stellen, denn ich bin jetzt bald 40 Jahre Mitglied der FDP. Insofern trifft der Vorwurf mich auch selber. Meine Antwort wäre: Natürlich vollzieht sich Rechtsentwicklung auch immer aufgrund praktischer Erfahrungen. Oft braucht der Gesetzgeber Anstöße von außen aufgrund von Vorgängen, die ihn dazu bewegen, zu sagen, das kann nicht richtig sein, da greifen wir ein. Besser spät als nie.

Ich möchte noch einmal auf den fliegenden Gerichtsstand zu sprechen kommen. Gibt es denn da Überlegungen, gibt es da Anstöße, die aus dem Parlament kommen? Wie sieht es da aus? Oder ist das ein Thema, was überhaupt nicht diskutiert wird?

Die Anstöße kommen bisher ausschließlich von Ihnen, also aus der Praxis. Es ist mir jetzt keine Parlamentsinitiative geläufig, wobei ich bei der Fülle der beherzigenswerten Aktivitäten der Opposition manchmal nicht alles genau im Hinterkopf habe. Aber jedenfalls ist mir eine parlamentarische Initiative derzeit nicht geläufig, die über Fragen oder Ähnliches hinausginge. Wenn doch, dann wäre das erst recht ein Anlass für eine Debatte. Aber die Debatte ist uns ja jetzt aufgegeben worden durch Sie und andere Verbände, die das schon zur Sprache gebracht haben.

Sie haben ja in Bezug auf das Internet etwas diabolisch argumentiert, wenn ich das mal sagen darf. Und zwar versuchen Sie die Journalisten damit zu ködern, dass sie sagen, das Leistungsschutzrecht für die Presseverlage kommt indirekt auch den Journalisten zu Gute, was ja auch stimmt. Wenn wir allerdings jetzt anfangen, Sonderrecht für Presseverlage zu schaffen, ist es auf der andern Seite durchaus auch wünschenswert, gerade innovative Formen der Recherche zu ermöglichen. Innovative Formen für kleine Verlage, für kleine Suchmaschinen zu ermög-lichen und so hier eben Freiheit herstellen, was sie ja zu Recht auch als Grundlage der Pressefreiheit ansehen. Im Grunde genommen wird durch die Sonderregelung jedoch auch das Mehr an Recherchefreiheit wieder eingeschränkt, was das Internet uns gebracht hat.

Ich zitiere jetzt mal vorsichtshalber

mein eigenes Manuskript. Also unsere Position ist die, dass wir sagen, wenn mit dem Ziel der Gewinnerzielung systematisch fremde Leistungen genutzt werden, dann ist das ein Vorgang, wo man daran denken kann, dass eine Nutzungsgebühr durchaus ein fairer Interessenausgleich ist. Es geht, wie gesagt, um die gewerbsmäßige, in Gewinnerzielungsabsicht betriebene Verwertung von anderen Urheberrechten. Es geht nicht um Zitate, um Verlinkung, um Recherche. Wenn wir es wirklich machen – noch ist es in der Diskussion, auch im Haus, denn wir haben noch keinen Gesetzentwurf vorgelegt –, muss man diese Aspekte abwägen, damit man mit einem etwaigen Leistungsschutzrecht nicht übers Ziel hinausschießt. Also noch einmal: Die Freiheit des Internets wollen wir nicht antasten. Möglicherweise aber ein ganz kleines Stück, auch nicht im breiten Umfang, die Kostenfreiheit. Es ist aber eine kleine Kulturrevolution und deswegen gehen wir an die Frage sehr sorgfältig heran, und selbst wenn wir einen Vorschlag machen, wird das natürlich mit Sachverständigenanhörungen und Ähnlichem im parlamentarischen Verfahren dann noch einmal ganz genau durchdacht werden.

Wobei man auch immer sehr schnell in der Gewerblichkeit sein kann. Wenn sie z. B. eine Seite haben, die sie durch minimale Werbung finanzieren müssen.

Die Zielsetzung kann überhaupt nur sein, die Verwertung im größeren Stil kostenpflichtig zu machen. Deswegen muss man die Begriffe auch sorgfältig definieren. Denn sie haben völlig Recht, in der Gewerbsmäßigkeit ist man sehr schnell.

Für journalistische Berichterstattung ist natürlich auch die Möglichkeit entscheidend, dass Journalisten überhaupt an Informationen heran kommen. Geregelt einerseits über die Landespressegesetze, das ist ja jetzt nicht Ihre Baustelle, aber der Bund hat ja auch ein Informationsfreiheitsgesetz erlassen, in das durchaus Hoffnungen gesetzt wurden, die aber vielfach enttäuscht worden sind durch die Fülle der zum Teil auch sehr unpräzise gefassten Ausnahmeregelungen. Gibt es denn da Planungen nachzubessern?

Das Informationsfreiheitsgesetz ist ja noch relatives Neuland. Es existiert noch nicht so lange. Ich finde, es wäre jetzt die nächste Zielsetzung, dass wir das in allen Bundesländern bekommen. Bedauerlichweise gibt es ein solches Recht auch in meinem eigenen Bundesland Bayern bisher nicht, alle wissen warum. Die Mehrheitsverhältnisse haben das noch nicht zugelassen. Es gibt jetzt aber schon in Kommunen solche Informationsfreiheitssatzungen. Also wir brauchen erst einmal ein flächendeckendes Netz an diesen gesetzlichen Möglichkeiten. Dazu sollten wir parallel die Erfahrungen mit den schon bestehenden Informationsfreiheitsrechten evaluieren. Wir sind Ihnen da durchaus dankbar, wenn sie uns mit Fallmaterial versorgen, damit man bewerten kann, ob in der Praxis etwas nicht im Sinne des Gesetzgebers läuft, der ja wirklich etwas für den Informationszugang tun wollte. Eine von Ihnen gewünschte Gesetzesänderung oder -präzisierung setzt voraus, dass man hinreichend Fallmaterial hat. Im Übrigen gibt es die Debatte, wie denn das Verhältnis zu den Pressegesetzen ist. Da halte ich mich jetzt ein wenig zurück, denn Pressegesetze sind ja Ländersache. Ich sage daher nur meine Meinung, nicht die des Hauses: Wenn der Gesetzgeber Bestimmungen schafft, die ein Mehr an Informationsgewinnung zum Ziel haben, dann kann ich mir schwerlich vorstellen, dass man daraus auf ein Weniger an Informationszugang schließt, indem gesagt wir, Journalisten sind zu verweisen auf die Spezialregelungen im Landesrecht. Das ist aber meine private Meinung. Die Bereitschaft zur Evaluierung bestehender Informationsgesetze kann ich Ihnen gerne zusichern.

Bei mir ist bis jetzt allerdings angekommen, dass die Befürchtungen der Behörden, sie würden mit einer Fülle von Informationsbegehren an ihrer sonstigen Arbeit gehindert, auf keinen Fall eingetroffen sind. Das ist ein durchaus wichtiges Zwischenergebnis, aber natürlich sind wir auch bereit, in die Richtung auszuwerten, die sie jetzt vorgegeben haben.

Zum Schluss möchte ich Albert Camus zitieren: „Eine freie Presse kann gut oder schlecht sein, aber eine Presse ohne Freiheit kann nur schlecht sein.“

Eva-Maria Michel:
Medien unter Druck? Presserecht und Medienrechtsprechung im Wandel der vergangenen Jahre

Dokumentiert von DANIEL OTTO und FLORIAN RIESEWIECK[1]

Verehrte Gäste, liebe Kolleginnen und Kollegen,

vor zwei Wochen verhandelte die Große Kammer des Europäischen Gerichtshofs (EuGH) für Menschenrechte zwei Fälle, die für das künftige Verhältnis des allgemeinen Persönlichkeitsrechts zur Pressefreiheit in Deutschland wegweisend sein können. In dem einen Fall geht es um Bildberichte über Prinzessin Caroline von Hannover und ihren Ehemann Ernst August. Die deutschen Gerichte hatten die Veröffentlichung eines Fotos der Kläger – das war eine Alltagssituation von einem Skiurlaub in St. Moritz – nicht beanstandet. Dagegen setzte sich das Fürstenpaar mit einer Klage vor dem EuGH für Menschenrechte zur Wehr. Und sie ersuchten den Gerichtshof, Deutschland mit Nachdruck zur Gewährleistung eines effektiven Schutzes ihres Privat- und Familienlebens anzuhalten.

Das kommt Ihnen sicherlich bekannt vor. Caroline von Hannover war vor einigen Jahren schon einmal vor den EuGH für Menschenrechte gezogen. In seinem Grundsatzurteil stellt dieser im Jahre 2004 fest, dass Fotos aus dem Privatleben der Klägerin nur veröffentlicht werden dürfen, wenn sie bei öffentlichen Anlässen aufgenommen wurden oder damit ein Beitrag zur Debatte von allgemeinem Interesse geleistet wird. Eine deutliche Einschränkung der Pressefreiheit im Vergleich zur Rechtsprechung in Deutschland. Danach hatte nämlich der Persönlichkeitsschutz bei einer absoluten Person der Zeitgeschichte außerhalb des häuslichen Bereichs bis dato häufig hinter dem allgemeinen öffentlichen Interesse zurückzutreten.

In dem zweiten vor dem EuGH für Menschenrechte aktuell verhandelten Fall klagt der Axel-Springer-Verlag. Dessen Blatt Bild war es verboten worden, unter Namensnennung über einen TV-Kommissar zu berichten, der Betäubungsmittel konsumiert hatte und deshalb zu einer Geldstrafe verurteilt worden war.

Zwei ganz unterschiedlich gelagerte Fälle – sie machen aber deutlich: Es

---

[1] Die Vortragsform wurde beibehalten.

besteht erhebliches Konfliktpotenzial, und es ist einiges in Bewegung.

Und damit bin ich eigentlich auch schon mitten im Thema meines Vortrags. Aktuelle Entwicklungen im Presse- und im Meinungsäußerungsrecht gibt es viele, das werden Sie alle tagtäglich verfolgen. Ich will mich deshalb heute auf drei Themen konzentrieren, die aus meiner Sicht von besonderer Relevanz sind.

Erstens die aktuellen Entwicklungen zur relativen und absoluten Person der Zeitgeschichte. Hier geht es vor allem um die Folgen des bereits genannten Caroline-Urteils des EuGH für Menschenrechte für die deutsche Rechtsprechung. Zweitens werde ich auf die Problematik strafprozessualer Maßnahmen gegen Medienschaffende eingehen. Stichwort ist hier das Cicero-Urteil des Bundesverfassungsgerichts mit seinen Konsequenzen für die deutsche Gesetzgebung. Und abschließend möchte ich noch einen Blick auf das Stolpe-Urteil werfen, das aus meiner Sicht ein Paradebeispiel dafür ist, wie die Berichterstattung durch die Rechtsprechung erschwert wurde.

Das Thema Verdachtsberichterstattung, zu dem es natürlich auch sehr viel zu berichten gäbe, habe ich mit Blick auf die anschließende Diskussionsrunde ganz bewusst ausgeklammert.

1. Aktuelle Entwicklungen zur relativen und absoluten Person der Zeitgeschichte

Hans Leyendecker formulierte in seinem Artikel in der Süddeutschen Zeitung vor kurzem sehr treffend: „Das deutsche Presserecht unterschied bislang zwei Epochen: die Zeit vor dem Caroline-Urteil und die Zeit nach dem Caroline-Urteil.“ Der EuGH für Menschenrechte hatte im Juni 2004 den von der deutschen Rechtsprechung über Jahrzehnte entwickelten und angewandten Begriff der absoluten Person der Zeitgeschichte kritisiert und als nicht ausreichend für einen wirksamen Schutz des Privatlebens Prominenter verworfen. Das Caroline-Urteil des Bundesverfassungsgerichts aus dem Jahr 1999 ist, so die Auffassung des Gerichtshofs, nicht mit Artikel 8 der europäischen Menschenrechtskommission, dem Recht auf Achtung des Privat- und Familienlebens, vereinbar. Fotos, die die Prinzessin am Strand, im Skiurlaub oder beim Einkaufen auf dem Markt zeigten, dürften nicht schon deshalb veröffentlicht werden, so der Gerichtshof, weil sie an allgemein zugänglichen Orten aufgenommen worden seien. Maßgeblich sei vielmehr, ob damit ein Beitrag zu einer Debatte von allgemeinem Interesse geleistet werde, und dies wurde vom Gericht im vorliegenden Fall verneint.

Mit Spannung wurde danach erwartet, wie die deutschen Gerichte diese Rechtsprechung aufgreifen würden.

Denn: Die Rechtsprechung des EuGH für Menschenrechte steht in der Normenhierarchie auf der Ebene einfachen Bundesrechts, das wiederum vom deutschen Verfassungsrecht überlagert wird. Die Instanzgerichte müssen somit die Rechtsprechung des Bundesverfassungsgerichts und die Rechtsprechung des europäischen Gerichts zu Caroline in Einklang bringen – ein nicht ganz einfaches Unterfangen.

Bislang lässt sich so viel beobachten: In mehreren Urteilen haben die Instanzgerichte das Recht Prominenter auf Privatleben über den Tatbestand der örtlichen Abgeschiedenheit hinaus ausgedehnt und dem Recht am eigenen Bild bei alltäglichen Situationen grundsätzlich Vorrang vor der Presse- und Meinungsfreiheit eingeräumt. Der Bundesgerichtshof hat in seinen Urteilen aus dem Jahr 2007, die wiederum das Fürstenpaar betreffen, ein neues abgestuftes Schutzkonzept entwickelt, das, so der BGH, auch die Rechtsprechung des EuGH für Menschenrechte berücksichtige. Danach ist auch bei Personen aus der Zeitgeschichte eine Veröffentlichung ohne Einwilligung verboten, wenn hierdurch berechtigte Interessen verletzt werden. Im Gegensatz zum EuGH für Menschenrechte dürfe, so der BGH, der Begriff der Zeitgeschichte allerdings nicht zu eng verstanden werden. Er umfasse nicht nur Vorgänge von historisch politischer Bedeutung, sondern „ganz allgemein das Zeitgeschehen, also alle Fragen von allgemeinem gesellschaftlichem Interesse, und wird mithin vom Interesse der Öffentlichkeit bestimmt."

Das Bundesverfassungsgericht hat dieses neue Schutzkonzept 2008 gebilligt, der Bundesgerichtshof sei verfassungsrechtlich nicht daran gehindert, auf die Rechtsfigur der Person der Zeitgeschichte zu verzichten, und es sei verfassungsrechtlich auch nicht zu beanstanden, die Interessenkollision allein aufgrund einer umfassenden Interessengewichtung und -abwägung zu lösen.

Was bedeutet dieses neue Schutzkonzept nun für die Praxis

Bei Bildberichten über Personen, die bisher als absolute Person der Zeitgeschichte außerhalb des häuslichen Bereichs häufig – ich sage einmal – „vogelfrei" waren, muss der Bildbericht im Zusammenhang mit einem zeitgeschichtlichen Ereignis stehen, um in Zukunft auf der sicheren Seite zu sein. Das ist nicht nur der Fall, wenn Politiker bei der Ausübung ihres öffentlichen Amtes fotografiert werden, denn auch das Bundesverfassungsgericht legt dem Begriff der Zeitgeschichte, wie der BGH, ein weites Verständnis zugrunde, schließt ausdrücklich auch Unterhaltungsinteressen mit ein. Auch einem bloß unterhaltenden Beitrag kann, so das Bundesverfassungsgericht, ein Bezug zur Meinungsäußerung nicht von vornherein abgesprochen werden. Zulässig ist daher zum Beispiel auch die Bildberichterstattung über Sportler bei einer Preisverleihung. Der Bezug zur Zeitgeschichte kann sich darüber hinaus aber auch erst aus dem zugehörigen Begleittext ergeben. Der Bundesgerichtshof hat zum Beispiel die Veröffentlichung eines Fotos des Fürstenpaares im Skiurlaub erlaubt, und zwar mit der Begründung, dass im begleitenden Text dargestellt war, dass der Urlaub von dem Fürstenpaar angetreten wurde, um sich von den mit den schweren Erkrankungen des ehemaligen Fürsten von Monaco verbundenen Strapazen zu erholen.

Für die Praxis heißt das: Ein Foto sollte immer gut in einen allgemein interessierenden, zeitgeschichtlichen Kontext eingebettet sein. Im Übrigen gilt: Der Schutz geht bei der Veröffentlichung von Bildern und Texten unterschiedlich weit. Das hat das Bundesverfassungsgericht erst jüngst in seinem Caroline-Urteil III erneut betont. Hier ging es diesmal um die Tochter von Caroline. Die Veröffentlichung eines großformatigen Fotos der Tochter auf dem Titelblatt einer Zeitschrift wurde von den Vorgerichten als unzulässig bewertet, weil sich dies allein mit dem Lebenswandel der Klägerin, nicht aber mit dem im Bild selbst dargestellten zeitgeschichtlichen Ereignis – es war ein Bild, welches die Tochter offensichtlich auf einer Aids-Gala darstellte – befasste. Und das Bundesverfassungsgericht hat diese Auslegung der Vorgerichte nicht beanstandet. Dagegen wurde die parallele Wortberichterstattung in einem anderen Blatt als zulässig erachtet. Sie betreffe, so das Gericht, die Sozialsphäre der Klägerin. Zwar ging es auch hier im Wesentlichen um die Lebensführung der Tochter, aber im Hinblick auf Verhaltensweisen, die diese auf Veranstaltungen zeigt, die der allgemeinen Öffentlichkeit zugänglich gewesen sind oder sich an die Öffentlichkeit gerichtet haben. Das Gericht verwies in diesem Zusammenhang auch darauf, dass derjenige, der, wie die Klägerin, in freier Entscheidung die Medienöffentlichkeit suche, sich zum Teil selbst seines Schutzes beraube. Denn, so die ständige Rechtsprechung des Bundesverfassungsgerichts: Das allgemeine Persönlichkeitsrecht gewährleistet keine umfassende Verfügungsbefugnis über die Darstellung der eigenen Person in der Öffentlichkeit.

2. *Strafprozessuale Maßnahmen gegen Medienschaffende*

Es liegt auf der Hand, dass das staatliche Interesse an der Aufklärung von Straftaten im Einzelfall mit den Kommunikationsfreiheiten kollidieren kann. Durchsuchungen von Redaktionsräumen und Beschlagnahmen stellen Möglichkeiten der Justiz dar, die in die Vertraulichkeit der Redaktionsarbeit eingreifen. Solche Maßnahmen lagen auch dem bekannten Cicero-Urteil des Bundesverfassungsgerichts zugrunde. Nur noch einmal kurz zur Erinnerung: Ein freier Journalist hatte in dem Magazin Cicero einen Artikel veröffentlicht, der sich mit dem Terroristen Abu Musab al Sakiri beschäftigt und in dem aus streng geheimen BKA-Dokumenten zitiert wurde. Die Staatsanwaltschaft hatte daraufhin wegen Beihilfe zum Geheimnisverrat gegen den Journalisten und den Chefredakteur von Cicero ermittelt, die Redaktionsräume wurden durchsucht und unter anderem ein Computer beschlagnahmt. Das Bundesverfassungsgericht hat in seinem Urteil 2007, anknüpfend an seine bestehende Rechtsprechung zum Informantenschutz, entschieden, dass es unzulässig ist, die Räume von Presseangehörigen zu durchsuchen und Material zu beschlagnahmen, wenn die Beschlagnahme ausschließlich oder vorwiegend dem Zweck dient, die Person des Informanten zu ermitteln. Die bloße Veröffentlichung eines Dienstgeheimnisses durch einen Journalisten reiche nicht aus, um den Verdacht der Beihilfe durch den Journalisten zum Geheimnisverrat zu begründen. Hierzu müssen, so das Gericht, auch tatsächliche konkrete Anhaltspunkte bestehen. Dieses Urteil des Bundesverfassungsgerichts ist richtungsweisend. In der Vergangenheit ging es nämlich oftmals nicht darum, den Journalisten einer Straftat zu überführen. Vielmehr sollte über den Umweg über den Journalisten die Identität des Informanten ermittelt werden. Ein Vorgehen mit verheerenden Folgen für den investigativen Journalismus. Denn Medien sind auf Informanten angewiesen. Doch wer gibt Informationen, wenn er nicht mehr auf das Redaktionsgeheimnis vertrauen kann?

Offenbar sah auch der Gesetzgeber Handlungsbedarf. Im Nachgang des Urteils hat er mit Einführung eines neuen § 160a Strafprozessordnung den Schutz zeugnisverweigerungsberechtigter Personen bei Ermittlungsmaßnahmen gestärkt. Für Medienschaffende, denen nach § 53 Strafprozessordnung ein Zeugnisverweigerungsrecht zusteht, gilt bei allen weiteren Maßnahmen im Ermittlungsverfahren in Zukunft § 160a Strafprozessordnung. Und das bedeutet konkret, dass dann, wenn das Redaktionsgeheimnis gefährdet ist, Ermittlungsmaßnahmen in der Regel nur durchgeführt werden dürfen, wenn das Verfahren eine Straftat von erheblicher Bedeutung betrifft. Diese Vorschrift ist sehr zu begrüßen, doch ist damit das eigentliche Problem noch nicht gelöst. Denn das relative Beweiserhebungsverbot ist eingeschränkt, wenn der Medienschaffende selbst an der Tat beteiligt ist, wie etwa im Fall der Beihilfe zum Geheimnisverrat.

Erfreulicherweise ist aber auch hier eine Lösung in Sicht. Das Bundeskabinett hat im August dieses Jahres den Gesetzentwurf zur Stärkung der Pressefreiheit im Straf- und Strafprozessrecht beschlossen, und dieser Entwurf sieht zum einen eine Ergänzung der Geheimnisverratsvorschriften in § 353b Strafgesetzbuch vor. Für Medienschaffende soll danach in Zukunft eine Strafbarkeit wegen Geheimnisverrats ausgeschlossen sein, wenn sie sich auf die Entgegennahme, Auswertung oder Veröffentlichung eines Geheimnisses beschränken. Und zum anderen soll eine Durchsuchung und Beschlagnahme bei Medienschaffenden nur noch möglich sein, wenn ein dringender Verdacht einer Tatbeteiligung besteht. Bisher reicht hierfür ein einfacher Tatverdacht aus. Der Bundesrat hat am 15. Oktober über den Entwurf beraten. Dabei ist er der Empfehlung des Rechtsausschusses, der eine Gesetzesänderung nicht für erforderlich hielt, erfreulicherweise nicht gefolgt. Eine abschließende Entscheidung steht aber noch aus.

Aus meiner Sicht wäre es sehr zu begrüßen, wenn eine solche gesetzliche Klarstellung käme. Sie würde in erheblichem Maße zur Rechtssicherheit beitragen.

3. Die Auslegung mehrdeutiger Aussagen

Die Auslegung mehrdeutiger Aussagen ist häufig streitentscheidend. Dabei hält das Bundesverfassungsgericht die Fachgerichte nicht nur dazu an, auf die Auslegung große Sorgfalt zu verwenden, es behält sich außerdem auch selbst eine Überprüfung der Auslegung vor. Maßgebend ist dabei der objektive Sinn, den ein unvoreingenommenes und verständiges Publikum der Aussage bei Würdigung des Kontextes und der Begleitumstände beimisst. Fernliegende Deutungen sind auszuscheiden. Ist eine Aussage mehreren Deutungen zugänglich, galt bislang das Günstigkeitsprinzip. Danach darf ein Gericht sich nicht für diejenige Auslegung entscheiden, die zur Verurteilung des sich Äußernden führt, wenn es eine andere, günstigere Deutung gibt, die nicht mit schlüssigen und nachvollziehbaren Gründen ausgeschlossen werden kann. Diese Rechtsprechung hat das Bundesverfassungsgericht 2006 mit dem Stolpe-Urteil für Unterlassungsansprüche aufgegeben.

In diesem Fall, Sie erinnern sich sicherlich, wehrte sich der seinerzeitige brandenburgische Ministerpräsident gegen eine Aussage des Berliner CDU-Politikers Lehmann-Brauns. Dieser hatte in einer Fernsehsendung erklärt, Stolpe sei „über 20 Jahre im Dienste des Staatssicherheitsdienstes tätig gewesen“. Stolpe selbst hat eingeräumt, Kontakte zum DDR-Geheimdienst gehalten zu haben, von seiner Registrierung als inoffizieller Mitarbeiter habe er aber erst 1989 erfahren. Eine Verpflichtungserklärung habe er nie unterschrieben, und zu diesem Schluss war Mitte der 1990er Jahre auch ein Untersuchungsausschuss des Brandenburger Landtages gekommen. Der Bundesgerichtshof hatte in der Vorinstanz die Aussage des CDU-Politikers als zulässige Meinungsäußerung gewertet, er verwies dabei auf das Günstigkeitsprinzip und legte die für den CDU-Politiker günstigere Auslegung zugrunde.

Dem schloss sich das Bundesverfassungsgericht nicht an. Die für Stolpe nachteilige Äußerung sei nicht vom Grundrecht auf Meinungsfreiheit gedeckt, der CDU-Politiker müsse sich in Zukunft eindeutiger ausdrücken. Bei so schwerwiegenden Eingriffen in das Persönlichkeitsrecht seien in Zukunft hohe Anforderungen an die Sorgfaltspflicht zu stellen.

Was bedeutet das Stolpe-Urteil für die Praxis

Das Urteil gilt nur für Unterlassungsansprüche – also für künftige Äußerungen, nicht aber für Ansprüche auf Widerruf oder Schadenersatz. Das Gericht begründet das damit, dass Unterlassungsansprüche keinen Sanktionscharakter hätten und der Urheber sich ja in Zukunft eindeutig ausdrücken und klarstellen könne, welchen Inhalt er seiner Äußerung beimesse.

Doch mit welchen Folgen? Es gibt kaum einen Beitrag, der in seiner Ausformulierung nicht mehr oder weniger viele Verständnismöglichkeiten zulässt. Derjenige, der die Mehrdeutigkeit als Teil der deutschen Sprache ansieht, kann sich aber nicht mehr darauf verlassen, dass die Instanzgerichte die für ihn günstigste Auslegung zugrunde legen. Provokante und drastische Äußerungen, die publizistisch gesehen wertvoll sein können, werden für ihn zum Risiko. Es kommt hinzu, dass das Bundesverfassungsgericht für die Praxis auch keine weiteren Hinweise gegeben hat, wie eine Klarstellung aussehen kann, die den Medien ja eine einfache und sanktionslose Möglichkeit bieten soll, ein drohendes Verbot zu vermeiden. Dieses Defizit ist offenbar dem Bundesverfassungsgericht selbst klar geworden, das kurze Zeit später bemerkte, dass auch bei Unterlassungsansprüchen ein Schilling-Effekt drohen könne, etwa durch nicht unerhebliche Abmahn- und Prozesskosten.

In einem Beschluss 2007 stellte das Gericht fest, dass der Äußernde auch bei Unterlassungsansprüchen die Möglichkeit haben müsse, kostengünstig klarzustellen, welchen Inhalt seine Erklärung hat. Diese Feststellung ist umso bemerkenswerter, als es im konkreten Fall gar nicht um Unterlassungs-, sondern um Gegendarstellungsansprüche ging.
Ich verstehe diese Aussage so, dass das Bundesverfassungsgericht eine Entwicklung der Instanzgerichte korrigieren möchte, die bislang überwiegend davon ausgehen, dass eine mehrdeutige Erklärung wie eine unwahre Tatsachenbehauptung abmahnfähig ist – mit der entsprechenden Kostenfolge. Wenn meine – zugegebenermaßen günstige – Interpretation zutrifft, dann würde das bedeuten, dass der Äußernde bei mehrdeutigen Aussagen keine Kosten mehr zu tragen hätte. Das gilt jedenfalls dann, wenn sich die Instanzgerichte auf die Rechtsprechung des Bundesverfassungsgerichts einlassen werden.

Praktisch heißt das für Sie: Wer kein Risiko eingehen will, sollte in Fällen mehrdeutiger Aussagen zunächst weiterhin eine strafbewehrte Unterlassungserklärung unter Verwahrung gegen die Kostenlast abgeben, um eine einstweilige Verfügung zu verhindern. Die Mutigeren unter Ihnen haben dagegen die Chance, an der Entwicklung der Rechtsprechung mitzuwirken und vielleicht sogar eine Präzisierung in Karlsruhe zu bewirken.

4. Resümee

Die Rechtsprechung zur Bildberichterstattung zeigt, dass dem Persönlichkeitsschutz bei der Interessenabwägung tendenziell mehr Gewicht beigemessen wird als den Medienfreiheiten. Das deutsche Recht nähert sich insoweit an das französische Recht an, das dem Privatsphärenschutz schon immer eine sehr große Bedeutung beigemessen hat.

Mit Spannung bleibt abzuwarten, wie der EuGH für Menschenrechte seine im Caroline-Urteil 2004 getroffene Entscheidung im aktuellen Fall weiterentwickeln wird. Aber auch die Stolpe-Entscheidung verdeutlicht, dass es für Journalisten heutzutage nicht einfach ist, investigativ zu arbeiten und sich dabei im Rahmen des rechtlich Zulässigen zu bewegen. Für das Strafverfahren hoffe ich, dass der Gesetzgeber die im Cicero-Urteil genannten Kriterien umsetzen und damit in diesem wichtigen Bereich für Rechtssicherheit sorgen wird.

Die Medien sind für die freiheitliche Demokratie konstituierend und das gilt sicherlich mehr denn je. Sie sind Medien und Faktor öffentlicher Meinungsbildung, und sie erfüllen eine zentrale Wächterfunktion. Einschränkungen der Pressefreiheit haben dies stets zu berücksichtigen. Aber: Die Medien tragen auch eine große öffentliche Verantwortung. Sie haben mit ihrer Berichterstattung erheblichen Einfluss auf den Meinungsbildungsprozess, sie bestimmen Themen, sie prägen Ansichten, und sie können auch Existenzen vernichten.

Fazit: Die Verantwortung der Medienschaffenden beschränkt sich daher nicht nur auf eine ausgewogene Berichterstattung und sorgfältige Recherche. Es müssen auch stets die Auswirkungen der Berichterstattung auf den Einzelnen und das Ganze im Blick gehalten werden.

Gernot Lehr und Christian Mensching:
Das „Stolpe-Urteil“, das Erwecken von Eindrücken und die Besonderheiten der Verdachtsberichterstattung

Dokumentiert von NAEMI GOLDAPP und LEONIE VOSS

Zu den wichtigsten Aufgaben von Journalisten gehört es, professionell zu recherchieren und sorgfältig mit kritischer Berichterstattung umzugehen. Dazu muss man wissen, wie man korrekt über Verdachtslagen berichtet und Eindrücke schildert. Das „Stolpe-Urteil“ des Bundesverfassungsgerichts aus dem Jahre 2005 (1BvR 1696/98) ist insoweit von maßgeblicher Bedeutung. Es bildet deshalb das Kernthema dieses Beitrages.

Das „Stolpe-Urteil“ setzt neue Maßstäbe für die Beurteilung mehrdeutiger Äußerungen, die in der einen Deutungsvariante eine rechtmäßige Aussage, also eine wahre Tatsachenbehauptung oder eine zulässige Meinungsäußerung, in der anderen Deutungsvariante eine rechtswidrige Aussage enthalten, also eine unwahre Tatsachenbehauptung oder eine Schmähkritik. Es geht darum, wer von der Mehrdeutigkeit profitiert, der Betroffene oder die Medien, welche Deutungsvariante für die Entscheidung über den geltend gemachten Anspruch maßgeblich ist. Nach dem „Stolpe-Urteil“ ist zu unterscheiden zwischen präventiven Ansprüchen, d. h. Unterlassungsansprüchen, und repressiven Ansprüchen, d. h. Gegendarstellung, Richtigstellung, Schadensersatz und Entschädigung. Durch das „Stolpe-Urteil“ wurde bei präventiven Ansprüchen der Schutz des Betroffenen ausgeweitet. Bei ihnen wird dem Persönlichkeitsschutz seitdem mehr Bedeutung zugesprochen als der Pressefreiheit.

Das „Stolpe- Urteil“

Auslöser der Auseinandersetzung war eine Äußerung des damaligen stellvertretenden Fraktionsvorsitzenden der CDU, Uwe Lehmann-Bauns. Im Zusammenhang mit einem Referendum zur Fusion von Berlin und Brandenburg hatte er im April 1996 im ZDF gesagt:

„Die Tatsache, dass Herr Stolpe, wie wir alle wissen, IM-Sekretär, über 20 Jahre im Dienste des Staatssicherheitsdienstes tätig, dass der die Chance erhält, auch über Berlin Ministerpräsident zu werden, d. h. dass ich sein Landeskind werde, zusammen mit anderen, das verursacht mir doch erhebliche Kopfschmerzen.“

Gegen diese Äußerung ist Manfred Stolpe gerichtlich vorgegangen. Denn tatsächlich hatte er zwar Kontakte zum Staatssicherheitsdienst während seiner Tätigkeit als Kirchenfunktionär eingeräumt – gleichzeitig aber ebenso deutlich bestritten, als inoffizieller Mitarbeiter (IM) auf der Grundlage einer Verpflichtungserklärung für die Stasi gearbeitet zu haben.

Das Landgericht Berlin sah die Äußerung durch Artikel 5 des Grundgesetzes gedeckt. Es beschäftigte sich nicht im Detail mit der Äußerung, sondern urteilte ganz generell, dass die Aussage als Gesamtbewertung von Stolpes Stasi-Verstrickungen rechtmäßig sei.

In der Berufung entschied das Oberlandesgericht (OLG) hingegen anders und sprach Stolpe den Unterlassungsanspruch zu. Der Grund: Die Äußerung „dass Herr Stolpe (...) im Dienste des Staatssicherheitsdienstes tätig“ war, sei eindeutig. Ein durchschnittlicher Leser entnähme der Aussage die Tatsachenbehauptung, dass Stolpe auf Grund einer ausdrücklichen oder konkludenten Verpflichtungserklärung im Auftrag der Stasi Informationen über Dritte gesammelt und diese an die Stasi zu deren Nutzen weitergegeben hat. In diesem Verständnis sei die Äußerung jedoch nicht erweislich wahr. Es gab der Unterlassungsklage daher statt.

In dritter Instanz landete der Fall beim Bundesgerichtshof (BGH). Dieser beanstandete, das OLG habe die Aussage „im Dienste des Staatssicherheitsdienstes“ „fälschlicherweise nur in einem ganz bestimmten Sinn gedeutet, ohne andere Verständnismöglichkeiten auch nur zu erörtern“ (1BvR 1696/98). Zwei Deutungsvarianten der Formulierung „im Dienste“ seien denkbar. Die eine: Stolpe hatte während seiner Tätigkeit als evangelischer Kirchenfunktionär Kontakte zur Stasi. Die andere: Stolpe hatte der Stasi auf Grund einer Verpflichtungserklärung berichtet.

Seiner Entscheidung, welche der beiden Deutungsvarianten maßgeblich ist, legte der BGH die bis dahin ständige Rechtsprechung zugrunde. Danach war bei mehrdeutigen Aussagen der rechtlichen Beurteilung die Deutung zu Grunde zu legen, die für die Medien die günstigere ist, bei der es sich also um eine rechtmäßige Äußerung handelt. Im konkreten Fall war dies die Aussage, Stolpe habe Kontakte zur Stasi gepflegt. In dieser Variante handelte es sich um eine wahre Tatsachenbehauptung; deshalb bestehe kein Unterlassungsanspruch. Das Bundesverfassungsgericht (BVerfG) hingegen entschied, dass sich die Mehrdeutigkeit im Falle eines Unterlassungsanspruchs zu Lasten der Medien auswirkt.

Pressefreiheit vs. Persönlichkeitsschutz

Es bestehen also grundsätzlich zwei Möglichkeiten, mit mehrdeutigen Aus-

sagen umzugehen:
Geht man von der rechtmäßigen Deutungsvariante aus, wirkt sich das zu Gunsten der Medien aus, obgleich ein Teil der Rezipienten die Äußerung im rechtswidrigen Sinne verstehen wird. Das führt zur „Flucht in die Mehrdeutigkeit“, die früher von den Medien sehr oft praktiziert wurde, aber jetzt nicht mehr praktikabel ist.

Auf der anderen Seite steht der persönlichkeitsrechtsfreundliche Ansatz, bei dem genau umgekehrt argumentiert wird. Er beinhaltet, dass der Entscheidung die unzulässige Deutungsvariante zu Grunde gelegt wird – und davon profitieren die Betroffenen, obwohl nicht alle Rezipienten die Äußerung in dem angegriffenen Sinne verstehen.

Bei der Entscheidung zwischen diesen Alternativen ist ein Ausgleich zwischen der Pressefreiheit und dem allgemeinen Persönlichkeitsrecht zu finden. Das BVerfG schafft diesen dadurch, dass es für die unterschiedlichen Anspruchsarten unterschiedliche Deutungsregeln anwendet:

- Bei Gegendarstellungs-, Richtigstellungs-, Schadensersatz- und Entschädigungsansprüchen sowie im Strafrecht wirkt sich die Mehrdeutigkeit zugunsten der Medien aus: Der Entscheidung muss die „medienfreundliche“ Deutung zugrunde gelegt werden. Denn anderenfalls wäre das Äußerungsrisiko für die Medien so hoch, dass es eine freie Berichterstattung übermäßig beschränken würde.
- Bei Unterlassungsansprüchen wirkt sich die Mehrdeutigkeit zugunsten des Betroffenen aus („persönlichkeitsfreundliche“ Deutung). Denn die Forderung, sich künftig in dieser Sache eindeutig auszudrücken, beschränkt die Berichterstattungsfreiheit nicht übermäßig.

Mit dieser Entscheidung trägt das BVerfG dem Umstand Rechnung, dass mehrdeutige Äußerungen massive Auswirkungen auf den Betroffenen haben können.

Dazu ein Beispiel:
Im Jahr 2008 erschien im Spiegel ein Artikel mit der Überschrift „Falsche Hoffnungen“. Die Unterzeile lautete: *„Einer der bekanntesten deutschen Chirurgen soll wissenschaftliche Studien manipuliert haben, um ein zwielichtiges Krebsmittel in den Markt zu drücken.“* Über vier Spalten wurde in diesem Artikel über das Wirken des Professors B. an einer Uniklinik berichtet, der ein weltweit anerkannter Pankreas-Chirurg ist.
In dem Spiegel-Artikel wurden verschiedene Tatsachenbehauptungen aufgestellt, die sich im Nachhinein als falsch herausstellten. Dazu gehört die Behauptung, dass sich B. mit dem russischen Unternehmer N. zusammengetan habe. Dieser wollte auf dem deutschen Markt das homöopathische Mittel Ukrain vertreiben, das gegen Pankreaskrebs eingesetzt werden

sollte. Zudem soll B. die Studie zur Wirksamkeit von Ukrain manipuliert haben, indem er dem Medikament eine lebensverlängernde Wirkung bescheinigte.

Bei der Betrachtung mehrdeutiger Aussagen in dem Artikel ist eine besonders interessant:
„Viele der folgenden Ukrain-Lobpreisungen stützten sich auf diese Studie. Und N. hatte allen Grund zum Jubel, als B. auch noch in der ZDF Sendung „Mona Lisa“ die lebensverlängernde Wirkung des Mittels würdigen durfte.“
Tatsächlich war B. in der ZDF Sendung „Mona Lisa“ aufgetreten und hatte sich zu Ukrain geäußert. Sinngemäß und verkürzt sagte er: „Wenn eine Phase-2-Studie (Anmerkung der Redaktion: das ist eine bestimmte Wirksamkeits- und Verträglichkeitsstudie für Medikamente vor der Markteinführung) zu einem positiven Ergebnis führen würde, dann könnte Ukrain eine besondere Bedeutung zukommen.“ Er äußerte also einen Konditionalsatz, betonte aber gleichzeitig, dass das noch ungewiss sei. Der Spiegel schreibt in seinem Artikel hingegen, dass B. Ukrain „gewürdigt“ habe. Problematisch daran ist: Das Verb „würdigen“ ist in diesem Fall mehrdeutig – zwei Deutungsvarianten sind möglich. Würdigen heißt einerseits dazu Stellung nehmen. Das ist die Auslegung zu Gunsten des Spiegels. Würdigen könnte aber auch so verstanden werden, dass das Medikament positiv bewertet und die lebensverlängernde Wirkung bejaht wurde. Das ist die Auslegung zu Gunsten von B.
Die Entscheidung des Landgerichts Hamburg: Es erließ eine einstweilige Verfügung mit der Begründung, der Spiegel habe den Eindruck erweckt, dass B. in der ZDF-Sendung „Mona Lisa“ Ukrain eine lebensverlängernde Wirkung bescheinigt habe.

Ohne das „Stolpe-Urteil“ hätte es diese einstweilige Verfügung nicht gegeben. Für die Reputation von B. war sie von entscheidender Bedeutung: Seit das Unterlassungsverfahren rechtskräftig abgeschlossen und vom Spiegel anerkannt wurde, ist B. rehabilitiert.

Zum Risiko werden durch das „Stolpe-Urteil“ unsorgfältige und subtile Äußerungen, mit denen man versucht, indirekt eine Botschaft zu transportieren, die man erahnt, aber nicht belegen kann. Der Spiegel-Autor war davon überzeugt, dass B. mit N. zusammengearbeitet und davon wirtschaftlich profitiert hat. Diese Tendenz war aus seinem Artikel deutlich herauszulesen. Eine solche Praxis ist nach dem „Stolpe-Urteil“ nicht mehr praktikabel.

Provokation in Gefahr

Demgegenüber trifft der Einwand, durch das „Stolpe-Urteil“ würden auch provokante Äußerungen zum Risiko, unseres Erachtens nicht zu.

Auch dazu ein Beispiel:
In ihrer Zeit als Gesundheitsministerin äußerte Ulla Schmidt zum Thema Arzt-

honorare und Ärztestreik die Meinung, dass sie es unmöglich findet, dass Ärzte die Patienten „in Geiselhaft“ nehmen, um ihre Forderungen durchzusetzen. Dagegen versuchten drei Ärzte vor dem Landgericht Freiburg eine Unterlassungsverfügung zu erwirken. Sie wollten sich kein strafbares Verhalten vorwerfen lassen. Die einstweilige Verfügung wurde vom Landgericht jedoch sofort abgelehnt. Es argumentierte, dass offensichtlich sei, dass Ministerin Schmidt die Aussage nicht wörtlich gemeint habe. Es handele sich lediglich um eine Redewendung, mit der eine politische Drucksituation beschrieben wird, über die sich die Ministerin geärgert habe.

Interessant ist, wie diese Aussage mit Blick auf das „Stolpe-Urteil“ zu bewerten ist. Die kritische Frage lautet, ob man die Aussage auch mehrdeutig interpretieren könnte, sodass das Gericht die Deutungsvariante wählt, die sich zu Gunsten der betroffenen Ärzte und zu Lasten von Ulla Schmidt auswirkt.

Das Urteil des Oberlandesgerichts Freiburg lautet jedoch, in diesem Fall sei die provokante Äußerung eindeutig – auch wenn sie ein Sprachbild enthält. Die einstweilige Verfügung wurde zurückgewiesen.

Zugespitzte Formulierungen bringen eine Aussage genau auf den Punkt und legen die Textaussage fest. Dadurch ist die Gefahr geringer, in die Mehrdeutigkeit abzurutschen. Problematischer ist es, eine Mischung von Unterstellungen, Behauptungen, Tatsachen und Vermutungen zu publizieren. Erst dadurch kann ein Eindruck entstehen, der von einem Teil der Leserschaft in einem rechtswidrigen Sinne verstanden wird und von einem anderen Teil möglicherweise überhaupt nicht gewürdigt wird.

Folgen des „Stolpe Urteils“

Das Urteil des Bundesverfassungsgerichts hat klare Konsequenzen: Bei Unterlassungsansprüchen gibt es keine Flucht in die Mehrdeutigkeit mehr. Auf der anderen Seite bewegt sich die Rechtsprechung fast immer in Wellenbewegungen, so dass bereits eine Gegentendenz erkennbar ist. Eine kürzlich veröffentlichte Entscheidung des BGH (03.02.2009, Az. VI ZR 36/07, AfP 2009) besagt, dass Äußerungen, die nach bisheriger Auffassung durchaus als Schmähung oder als falsche Eindruckserweckung bezeichnet werden konnten, auf Grund des Gesamtzusammenhangs in den Schutzbereich von Artikel 5 fallen können. In dem konkreten Fall hat der BGH entschieden, dass die Vorwürfe der „Lüge“, „Täuschung“ und „Vertuschung“ als zulässige Meinungsäußerung qualifiziert werden können, weil es sich unter Berücksichtigung des Gesamtkontextes um Äußerungen handelt, in denen sich Meinungen und Tatsachen vermischen.

Insgesamt sei die Aussage aber durch „Elemente der Stellungnahme, des Dafürhaltens oder Meinens“ geprägt. Der BGH hob damit eine Entscheidung des OLG Hamburg auf, das die Ausdrücke als Tatsachenbehauptung quali-

fiziert hatte.
Also: Eine Äußerung darf nicht isoliert betrachtet werden, sondern muss in den Kontext eingeordnet werden.
Schon vor dem „Stolpe-Urteil“ gab es keine Flucht in die Frage, in das Zitat oder in die Pseudobewertung. Das heißt, man kann sich der äußerungsrechtlichen Verantwortung nicht dadurch entziehen, dass man ein Fragezeichen hinter eine Tatsachenbehauptung oder eine Eindruckserweckung stellt. Ebenso unzulässig ist es, eine Äußerung von Dritten zu verbreiten oder in die Pseudobewertung einzusteigen, indem man den Text mit vermeintlich subjektiven Elementen füllt.

Offene und verdeckte Tatsachenbehauptungen

Bei der Beurteilung von Eindrücken unterscheiden Anwälte und Gerichte grundsätzlich zwischen offenen und verdeckten Tatsachenbehauptungen. Offene Tatsachenbehauptungen sind tatsächliche Informationen, die dem Rezipienten ganz unmittelbar mitgeteilt werden. Dieser muss sich darüber keine eigenen Gedanken mehr machen. Das hat zur Konsequenz, dass bei dem Empfänger über das unmittelbar Geäußerte hinaus keine weiteren tatsächlichen Vorstellungen geweckt werden. Insofern ist die offene Tatsachenbehauptung auch die inhaltlich eingeschränktere Variante. Bei offenen Tatsachenbehauptungen wird nicht zu eigenen Gedankengängen, Spekulationen und Schlussfolgerungen eingeladen.

Im Gegensatz dazu sind verdeckte Tatsachenbehauptungen Aussagen, die nicht unmittelbar in einem Artikel enthalten sind. Es sind vielmehr solche, die sich dem Leser im Zusammenspiel der offenen Aussagen als eine zusätzliche eigene Äußerung aufdrängen. Zum Beispiel kann sich aus dem ausdrücklich Gesagten eine unabweisbare Schlussfolgerung ergeben. Ist dies der Fall, stellt die Rechtsprechung die verdeckte Tatsachenbehauptung der ausdrücklich geäußerten offenen Tatsachenbehauptung gleich. Der Rechtsschutz gegen solche verdeckten Tatsachenbehauptungen wird dann in der Regel durch sogenannte Eindrucksunterlassungen gewährt. Das heißt, das Gericht verbietet es, einen bestimmten Eindruck zu erwecken. Im „Stolpe-Urteil“ wird dieser Standard der unabweisbaren Schlussfolgerung relativiert: Nicht mehr jeder Rezipient muss einer bestimmten Passage eine bestimmte weitere Tatsachenaussage entnehmen. Seit dem Urteil reicht es schon, wenn auch nur für einen Teil der Rezipienten diese Schlussfolgerung unabweisbar ist.

Eindrucksanfällige Äußerungen

Einige Konstellationen sind besonders anfällig für zusätzliche Eindrücke:
Zum einen erwecken Aufzählungen häufig den Eindruck einer abschließenden Äußerung.

Dazu ein Beispiel:
Hat ein Journalist den Verdacht, dass in

einer medizinischen Arztpraxis Einmalnadeln mehrfach verwendet werden, konfrontiert er den Betreiber der Praxis mit der Frage: „Was haben Sie getan, als Ihnen bekannt wurde, dass Einmalnadeln mehrfach verwendet worden sind?“ Der Betreiber antwortet: „Wir haben eine allgemeine Arbeitsanweisung ausgegeben und wir haben den betroffenen Mitarbeiter abgemahnt.“ In seiner Berichterstattung gibt der Journalist wieder, dass er den Betreiber gefragt hat, was dieser gemacht habe. Er berichtet, dass der Mitarbeiter abgemahnt wurde. Für sich allein genommen sind das zutreffende Äußerungen. Jedoch wird darüber hinausgehend der Eindruck erweckt, dass tatsächlich dieser Mitarbeiter nur abgemahnt worden sei und dass es keine weiteren Aktivitäten seitens der betroffenen Arztpraxis gegeben habe. Das ist eine unabweisbare tatsächliche Schlussfolgerung, für die der Journalist eine Unterlassungsverfügung erhalten könnte. Die Berichterstattung verletzt ein schutzwürdiges Interesse: Die Arztpraxis hat das Recht, dass auch publik wird, dass strukturell etwas über die Abmahnung hinaus getan wurde.

Anfällig sind zudem Begriffe, unter denen sich die Rezipienten etwas vorstellen können, das nicht den Tatsachen entspricht.
Wenn ein Journalist ein Unternehmen als „Staatskonzern“ bezeichnet, dann kann damit ein Unternehmen gemeint sein, an dem der Staat bestimmte Anteile besitzt. Es könnte aber auch so verstanden werden, dass es ein Unternehmen ist, das vom Staat kontrolliert wird. Zwei Deutungen sind also möglich. Die meisten der durchschnittlichen Rezipienten gehen aber vermutlich von der letzteren Variante aus.
Allerdings gibt es eine Reihe von Unternehmen, in denen der Staat zwar immer noch starker Anteilseigner, aber kein Mehrheitseigner ist, zum Beispiel die Deutsche Post oder die Deutsche Telekom. Wenn ein Journalist ein solches Unternehmen als Staatskonzern bezeichnet, könnte dadurch der Eindruck entstehen, es befinde sich mehrheitlich im Eigentum des Staates. Das kann, je nachdem in welchem Kontext das geäußert wird, für das Unternehmen nachteilig sein. Denn es suggeriert unter anderem eine eingeschränkte wirtschaftliche Handlungsfähigkeit. Außerdem entsteht der Eindruck, dass der Konzern sich mit der Macht des Staates dem normalen Wettbewerbsdruck entzieht und damit eine bessere Wettbewerbsposition hat als die private Konkurrenz.

Die Grundkonstellation der Verdachtsberichterstattung

Eine alltägliche Begebenheit ist, dass eine Verdachtslage besteht, über die die Medien berichten wollen. Die Wahrheit des Vorwurfs können sie jedoch nicht beweisen. Beispiele hierfür sind Straf- und Ermittlungsverfahren. Bei Berichten über den Vorwurf eines rechtswidrigen Verhaltens (z. B. strafrechtlich oder umweltrechtlich relevant) oder bei Berichten über Vorwürfe eines erheblichen Fehlverhaltens treten oft widerstreitende Interessen auf. Zum einen besteht ein Interesse an der Information über diese Verdachtslage. Das ist die Interessenlage, die laut Artikel 5.1. GG geschützt ist. Gleichzeitig besteht das Interesse des Betroffenen und seiner Angehörigen, vor einer Vorverurteilung und vor einer öffentlichen Stigmatisierung geschützt zu werden. Dieser Schutz besteht durch das allgemeine Persönlichkeitsrecht und die Unschuldsvermutung.

Ein Beispiel für eine unzulässige Vorverurteilung ist das RTL-II-Format „Tatort Internet". In der Sendung werden vermeintlich pädophile Männer vor eine Kamera gelockt und bloßgestellt. Die Identität einiger dieser Männer ist – trotz verfremdeter Darstellung bei der Ausstrahlung – sehr schnell der Öffentlichkeit bekannt geworden. Daraus ergab sich eine Stigmatisierung für die Männer und ihre Angehörigen.

Auf der anderen Seite ist auch die Integrität des staatlichen Ermittlungs- und Sanktionsverfahrens ein schutzwürdiges Interesse. In diesem Fall haben die Medien aber aus Artikel 5 des Grundgesetzes ein besonderes Privileg zugewiesen bekommen: Sie dürfen auch über bloße, ungewisse und möglicherweise falsche Verdachtslagen berichten. Andernfalls könnten die Medien kritische Situationen und Fehlentwicklungen der Gesellschaft nicht mehr frühzeitig aufdecken. Das Privileg aus Artikel 5 gilt jedoch nur unter bestimmten Voraussetzungen.

Vier Voraussetzungen für die rechtmäßige Verdachtsberichterstattung

1. **Es muss einen Mindestbestand an Beweistatsachen geben, der auf die Richtigkeit des Verdachts hinweist. Dazu benötigen die Medien belastbare Fakten:**

Allein die Tatsache, dass es ein anonymes Schreiben gibt, in dem die Büroleiterin einer Landesministerin als russische Geheimagentin bezeichnet wird und der Landesverfassungsschutz diesen Vorwurf prüft, rechtfertigt es nicht, diese vermeintliche Geheimagentin als die Mata Hari vom Rhein zu bezeichnen, wie es passiert ist.

Ebenfalls unzulässig ist es, über einen Verdachtsfall aus der Vergangenheit zu berichten, der endgültig ausgeräumt worden ist. Die erneute Berichterstattung ist nur zulässig, wenn neue Verdachtsmomente über die bisherigen Ermittlungen der Staatsanwaltschaft weit hinausgehen und es einen substanziell neuen Aspekt gibt.

2. **Es muss ein berechtigtes öffentliches Informationsinteresse bestehen. Das bejahen die Gerichte sehr schnell. Grundsätzlich obliegt den Medien die Entscheidung darüber, was im öffentlichen Interesse liegt. Diese Entscheidung ist jedoch justiziabel, wobei ein großzügiger Maßstab gilt. Das dient vor allem dazu, rein banale oder private Vorgänge auszuschließen. Dieser Maßstab ist mit einem für die Medien sehr posi-**

tiven Ergebnis diskutiert worden.
So durften sie über den Geschwindigkeitsverstoß von Prinz Ernst August von Hannover berichten, der bei erlaubten 130 Stundenkilometern mit 211 Stundenkilometern in Frankreich auf der Autobahn unterwegs war und meinte, das sei seine Privatangelegenheit. Das Berliner Kammergericht hat hingegen gesagt, er habe eine Vorbildfunktion und diese Art von Geschwindigkeitsverstoß sei nicht mehr dem alltäglichen Bereich zuzuordnen.

Das öffentliche Interesse kann sich grundsätzlich aus zwei Faktoren ergeben: der Art und Schwere der Tat oder der Person des Verdächtigen. Beide Faktoren gelten oft in Kombination. Bei der Frage nach der Art und Schwere der Tat wird in der Regel abgewogen, ob es um ein Verhalten geht, das sich über den privaten Kreis hinaus auf eine nennenswerte Anzahl von Menschen ausgewirkt hat oder nicht.

3. **Es muss eine sorgfältige und umfassende Recherche mit allen zur Verfügung stehenden Erkenntnisquellen geben und eine echte Konfrontation des Betroffenen mit der Gelegenheit zur Stellungnahme. Ob das erfüllt ist, ist ein stark vom Einzelfall abhängiger Maßstab, bei dem die je-desto-Regel gilt: Je schwerwiegender der Verdacht ist, über den berichtet wird, desto stärker wird in das Persönlichkeitsrecht eingegriffen. Daher muss auch die Recherche umso ausführlicher und präziser sein. Wichtig ist die kritische Auswertung öffentlich zugänglicher und vertraulicher Quellen, zum Beispiel die Auswertung bereits erfolgter Stellungnahmen des Betroffenen in Presseerklärungen.**

Zu einer sorgfältigen Recherche gehört die Anfrage beim Betroffenen mit konkreten und tatsachenbezogenen Fragen. Unzureichend wäre etwa: „Sie werden beschuldigt, ein Kinderschänder zu sein. Was sagen Sie dazu?“ Die journalistische Sorgfaltspflicht verlangt, dass die Medienschaffenden die Vorgänge, zu denen sie eine Stellungnahme haben wollen, konkret benennen. Dabei sollten sie darstellen, was die Belastungsmomente sind. Nur so ist der Betroffene in der Lage, seine Sicht der Dinge und entlastende Aspekte vorzutragen. Und nur so können Medienschaffende ihre Informationen gewichten. Äußert sich der Betroffene auf die konkrete Anfrage nicht, ist der journalistischen Sorgfaltspflicht Genüge getan.

In der Praxis ist es ideal, schriftlich um eine Stellungnahme zu bitten und gleichzeitig darauf hinzuweisen, dass die Redaktion mit einer schriftlichen Antwort zufrieden ist.

Generell gilt: Allein die Anfrage zu einem Thema kann keinen Unterlassungsanspruch nach sich ziehen, weil aufgrund einer Recherche nicht automatisch auf eine Berichterstattung geschlossen werden kann. Anders verhält es sich, wenn bei der Anfrage der Eindruck erweckt wird, unabhängig von der Stellungnahme des Betroffenen werde auf jeden Fall über den Ver-

dacht berichtet werden.
Als Beweis für eine Konfrontation reicht eine Faxbestätigung aus. Ob auch eine E-Mailbestätigung als Beweis ausreicht, ist noch nicht endgültig entschieden.

4. **Es bedarf einer ausgewogenen, distanzierten Darstellung unter Berücksichtigung der Wiedergabe der Stellungnahme des Betroffenen, die deutlich macht, dass es sich nur um einen Verdacht handelt. Jede Vorverurteilung muss vermieden werden. In der Praxis scheitern Verdachtsberichterstattungen zuweilen an Ungenauigkeiten.**

Ein Beispiel dafür bildet ein Bericht mit der Überschrift „Chefarzt nach heimlichen Tests suspendiert“. Darin geht es um einen Chefarzt, gegen den ein Ermittlungsverfahren läuft. Über dieses Ermittlungsverfahren wird in einer Weise berichtet, die zunächst einmal den Ansprüchen der Verdachtsberichterstattung gerecht zu werden scheint: *„Der Chefarzt und zehn weitere Narkoseärzte stehen unter Verdacht, seit Anfang der 90er Jahre nicht mit Patienten abgesprochene Versuchsreihen mit Medikamenten vorgenommen zu haben. Zwei Todesfälle könnten mit den Studien in Verbindung stehen. Ein Herzpatient soll nach der Gabe eines gerinnungsstörenden Medikaments an Blutungen gestorben sein, die Anklagebehörde geht dem Verdacht einer Körperverletzung mit Todesfolge nach.“*
Soweit ist die Verdachtsberichterstattung gelungen. Ein Problem ist jedoch die Überschrift, weil dort der Verdacht nicht offen dargestellt wird. Das findet eine Verstärkung in einer indirekt zitierten Aussage der Staatsanwaltschaft: „Wie viele Patienten insgesamt bei der möglichen illegalen Versuchsreihe Schäden davon getragen haben, muss laut Staatsanwaltschaft noch ermittelt werden.“ Diese Aussage lässt nicht offen, ob es eine illegale Versuchsreihe gab. Es wird nur noch darüber diskutiert, wie viele Patienten betroffen waren. Das ist eine unzulässige Verdachtsberichterstattung. Es gab zahlreiche Unterlassungsverfügungen gegen die berichtenden Medien. Das Verfahren gegen den Professor wurde eingestellt.
Ein häufiger Fehler ist auch die Pseudo-Distanzierung, bei der der Eindruck vermittelt wird, dass der Schuldige eigentlich schon gefunden worden ist. Vorsicht ist geboten bei der Verwendung entsprechender Darstellungen von Polizei und Staatsanwaltschaft.

Der Umgang mit den Grundsätzen

An die Verdachtsberichterstattung ist ein flexibler Maßstab anzulegen: Je schwerwiegender der Vorwurf, desto größer ist die Gefahr einer dauerhaften Stigmatisierung des Betroffenen und umso strenger sind die Voraussetzungen. Andererseits gilt das Verhältnismäßigkeitsprinzip: Je schwerwiegender der Tatvorwurf, desto größer ist das öffentliche Interesse. Bei einem Ereignis, das sich in der Öffentlichkeitssphäre ereignet hat, sind die Maßstäbe weniger streng als bei einem Ereignis aus der Privatsphäre.

Zusammenfassend hat das Landgericht Hamburg die Kriterien für die Zulässigkeit einer Verdachtsberichterstattung dahin formuliert,

- „dass es sich bei dem geäußerten Verdacht um den Gegenstand eines berechtigten öffentlichen Interesses handelt,
- dass hinreichende Anhaltspunkte für die Richtigkeit des Verdachts vorhanden sind,
- dass die im konkreten Fall gebotene, auch von der Schwere des geäußerten Verdachts abhängende Sorgfalt bei der Recherche und der Entscheidung für die Veröffentlichung angewandt wurde und
- dass durch die Art der Darstellung dem Rezipienten vermittelt wird, dass die Sachlage offen ist“.

Generell gilt, dass die Medien Verdachtsmomente offen darstellen müssen, indem sie die für und gegen den Verdächtigen sprechenden Gesichtspunkte ausgewogen aufzeigen. Sprechen jedoch erhebliche Verdachtsmomente für die Richtigkeit des Vorwurfs, darf dem Bericht auch eine entsprechende inhaltliche Tendenz gegeben werden.

Umgang mit Äußerungen von privilegierten Quellen

Bei der Recherche kommt privilegierten Quellen eine besondere Bedeutung zu. Bei offiziellen Äußerungen der Staatsanwaltschaft kann sich der Journalist auf den Wahrheitsgehalt der Äußerung oder Pressemitteilung verlassen. Insoweit muss er dem Betroffenen keine Möglichkeit zur Stellungnahme geben.

Zusammenfassung

I) Durch das „Stolpe-Urteil“ 2005 haben sich die Regeln für die Zulässigkeit mehrdeutiger Aussagen verschärft. Bei Unterlassungsansprüchen dürfen sich Journalisten in ihren Beiträgen nicht mehr in die Mehrdeutigkeit flüchten: Wenn auch nur ein Teil der Rezipienten wegen der Berichterstattung falsche negative Schlüsse zu einer juristischen oder natürlichen Person zieht, kann es zu einer Unterlassungsverfügung kommen.

II) Eine Verdachtsberichterstattung ist nur unter strengen Voraussetzungen zulässig: Es muss ein Mindestbestand an Beweistatsachen und öffentliches Informationsinteresse vorliegen. Zudem muss sorgfältig und umfassend recherchiert werden. Daraus muss ein ausgewogener Bericht entstehen. Vor Gericht werden an diese Voraussetzungen flexible, stark vom Einzelfall abhängige Maßstäbe angelegt.

Martin W. Huff: Immer wieder Caroline

Wie viel Privates die Medien über Prominente berichten dürfen, das regeln die nationalen Presserechte. Doch die müssen dem EU-Recht angepasst werden. Trotzdem ist unklar, was erlaubt ist und was nicht.

Auch gut sechs Jahre nach der spektakulären »Caroline-Entscheidung« des Europäischen Gerichtshofes für Menschenrechte, EGMR, in Straßburg (Urteil vom 24. Juni 2004 – veröffentlicht in der Neuen Juristischen Wochenschrift 2004, 2647) sind die Kriterien, wann und wie über Personen – insbesondere über Prominente – in den Medien berichtet werden darf, immer noch nicht genau definiert. 2004 hatte das Gericht in Straßburg argumentiert, dass durch eine zu intensive Berichterstattung über das Privatleben Prominenter Artikel 8 der Menschenrechtskonvention, der das Privat- und Familienleben schützt, verletzt werden kann.

Gegen die durchaus umstrittene Entscheidung hatte die deutsche Bundesregierung unter Gerhard Schröder kein Rechtsmittel eingelegt, obwohl die meisten Medienrechtler gute Chancen sahen, dass das Plenum des EGMR durchaus anders entscheiden könnte. Doch nach langen Diskussionen haben die deutschen Gerichte auf ihre Art und Weise – gemessen am Grundgesetz – diese Entscheidung in ihrer Rechtsprechung umgesetzt. Das Bundesverfassungsgericht hat nun noch einmal neue wichtige Pflöcke eingeschlagen und unterscheidet dabei deutlich zwischen Wort- und Bildberichterstattung. Es setzt damit die bisherige Linie eines neuen »Schutzkonzepts« für die Berichterstattung, das seit 2007 nach der EGMR-Entscheidung entwickelt und immer weiter verfeinert wurde, fort.

Zeitgleich überprüft aber der EGMR in zwei Verfahren, ob die neue Linie der deutschen Gerichte mit der Europäischen Menschenrechtskonvention im Einklang steht. Nach der mündlichen Verhandlung am 13.10.2010 (Aktenzeichen 40660/08, 60641/08 und 39954/08) wird im Frühjahr 2011 mit einer Entscheidung gerechnet. »Immer wieder Caroline von Hannover und ihre Familie – ich kann es nicht mehr hören«, möchte man sagen, wenn man den aktuellen Beschluss der 1. Kammer des Ersten Senats des Bundesverfassungsgerichts vom 14. September 2010 liest (BVerfG, Az. 1 BvR 1842/08, 2538/08 und 6/09 – zu finden unter www.bundesverfassungsgericht.de).

Doch die Auseinandersetzungen zwischen den Adligen aus Monaco und der deutschen Boulevardpresse bleiben für die Medien in Deutschland aktuell.

In dem Beschluss vom 14. September ging es um die Frage, unter welchen Umständen die deutschen Medien über die Caroline-Tochter Charlotte berichten dürfen. Im Jahr 2007 waren in der Neuen Post und der Bunten Artikel über Auftritte von Charlotte bei der Öffentlichkeitsarbeit, unter anderem bei einer Aids-Gala, erschienen. Die Artikel bestanden meist aus einer Kombination von Bild- und Wortberichterstattung. Beides hielt die mittlerweile volljährige Tochter für verboten und klagte auf Unterlassung, diesmal bei den Berliner Gerichten. Und sie gewann sowohl beim LG Berlin als auch beim Kammergericht weitgehend.
Doch die Medienverlage wollten dies nicht akzeptieren und riefen das Bundesverfassungsgericht an. Die 1. Kammer des Ersten Senats unter Vorsitz des BVerfG-Vizepräsidenten Ferdinand Kirchhof verdeutlicht in dem Kammerbeschluss ihre Ansicht zu einer zulässigen Berichterstattung über Ereignisse der Zeitgeschichte in Bild und Wort.

Das Gericht vertritt dabei die Auffassung, dass es im sogenannten Beschlusswege entscheiden kann, weil der Erste Senat in seiner Leitentscheidung vom 26. Februar 2008 (1 BvR 1602/07) – ergangen ebenfalls zum Caroline-Umfeld – die entsprechenden Grundsätze schon herausgearbeitet habe und es jetzt um die Anwendung im Einzelfall gehe. Die Verfassungsbeschwerde der Verlage gegen die Verbote aus den Instanzen hatte zum Teil Erfolg, besonders was die Wortberichterstattung betrifft. Die Medienunternehmen unterlagen hingegen bei der anlasslosen Verwendung von Bildern. In einer ausführlichen Begründung, die für eine Kammerentscheidung eigentlich nicht erforderlich ist, trennt das BVerfG sehr sorgfältig zwischen Wort- und Bildberichterstattung.

Zur Entscheidung über die Frage, ob ein Foto einer Person ohne deren Zustimmung (§ 23 KUG) veröffentlicht werden darf, stellt das Gericht darauf ab, ob die Abbildung ein »zeitgeschichtliches Ereignis« zeigt. Nur darauf komme es heute noch an, wenn es um die Veröffentlichung von Bildern gehe. Die Rechtsprechung – auch des Bundesgerichtshofes – ist damit zum ursprünglichen Wortlaut des Gesetzes zurückgekehrt. Die Abkehr von der Einstufung als absolute und relative Person der Zeitgeschichte ist somit nun – wie es sich schon 2007 in der Leitentscheidung der Verfassungsrichter angedeutet hatte – endgültig vollzogen worden, auch wenn dies bei so manchem noch immer nicht angekommen ist. Journalisten dürfen sich nicht mehr auf diese Unterscheidung, die fast 50 Jahre die Rechtsprechung und damit auch die Praxis in den Redaktionen bei der Bildauswahl beherrscht hat, berufen.
Bei der Wertung als »Ereignis der Zeitgeschichte«, so die Richter, kommt es auf eine Gesamtwürdigung des Ereignisses und der Berichterstattung an. Dabei spielt auch eine Rolle, in welchem Zusammenhang das Bild aufge-

nommen wurde und in welchem es veröffentlicht wird.

Bei der Würdigung stellt das Gericht auf die Sphären ab, in denen sich eine Person bewegt und in der das Bild aufgenommen worden ist. Es wird unterschieden zwischen der Intim-, der Privat- und der Sozialsphäre, in der sich die Person bewegt hat. Nahezu tabu ist eine Bildberichterstattung aus der Intimsphäre. Über die Privatsphäre, grob gesagt also das Alltagsleben, darf zwar berichtet werden, aber nur dann, wenn es sich um ein Ereignis der Zeitgeschichte handelt. Lernen musste dies unter anderem die ehemalige Ministerpräsidentin Heide Simonis. Sie musste – bestätigt vom Bundesgerichtshof – akzeptieren, dass über einen Einkaufsbummel wenige Tage nach ihrer gescheiterten erneuten Wahl zur Ministerpräsidentin ausführlich berichtet werden durfte – auch mit Bildern.

Daran, wie sich eine prominente Politikerin nach ihrer Abwahl verhält, hat die Öffentlichkeit nach Ansicht des BGH ein berechtigtes Interesse, das die Medien befriedigen durften. Auf der anderen Seite durften Bilder von Sabine Christiansen und ihrem Freund Norbert Mebus in einem erkennbar privaten Umfeld nicht veröffentlicht werden.
Viel weitgehender darf berichtet werden aus der Sozialsphäre, also aus dem beruflichen und gesellschaftlichen Umfeld. Abzuwägen sind hier immer die Persönlichkeitsrechte des Fotografierten aus Art. 2 GG und das Recht der Presse aus Art. 5 GG. So ließ der Bundesgerichtshof die umfangreiche Berichterstattung über den abberufenen Chefarzt eines Kreiskrankenhauses zu, denn es handele sich um das berufliche Umfeld, und da dürften die Medien berichten. Das Kammergericht vertrat die Auffassung, dass ein Bild aus der Sozialsphäre nur dann verwendet werden darf, wenn es mit dem Ereignis der Berichterstattung in Zusammenhang steht. Dieser Auffassung stimmte das BVerfG zu. Daher bestätigt die Kammer das Verbot zukünftiger Veröffentlichungen von Bildern, wenn die Berichterstattung keinen Bezug zu dem auf dem Foto gezeigten Anlass herstellt. Im Zusammenhang mit einer Aids-Gala aufgenommene Bilder von Charlotte dürfen also nicht veröffentlicht werden, wenn der Bericht sich nur mit dem Lebenswandel der Adligen befasst.
Zulässig wäre die Bildveröffentlichung hingegen gewesen, so kann man aus der Begründung der Verfassungsrichter schlussfolgern, wenn es sich um einen Bericht über die Aids-Gala gehandelt hätte. Damit steht für Journalisten die Prüfungsreihenfolge fest:

1. Handelt es sich bei der Berichterstattung um ein Ereignis der Zeitgeschichte?
2. Unterstreicht das Bild, mit dem der Artikel versehen werden soll, den Artikel?
3. Stammt das Bild aus der Intim-, Privat- oder Sozialsphäre?
4. Gibt es Hindernisgründe, nicht mit Bild zu berichten?

Eine Absage hat der Bundesgerichtshof aber allen Versuchen verschiedener Prominenter erteilt, die Veröffentlichung von Fotos schon grundsätzlich im Vorfeld zu verbieten – also einer sogenannten vorbeugenden Unterlassungsklage. Denn es komme immer auf das Umfeld an, in dem ein Foto veröffentlicht werde, und vorher sei eine solche Beurteilung nicht möglich.

Deutlich geringer sind die Anforderungen, die das BVerfG an die Zulässigkeit einer Wortberichterstattung stellt. Hier legt das Verfassungsgericht einen anderen Wertungsmaßstab an. Der Schutz des allgemeinen Persönlichkeitsrechts reicht bei personenbezogenen Wortberichten nicht so weit, dass man sich gegen jede Wortberichterstattung wehren kann. Das Persönlichkeitsrecht schütze nicht davor, überhaupt in einem Bericht individualisierend genannt zu werden. Grenzen der Berichterstattung liegen bei Themen aus der Privat- oder Intimsphäre oder bei einer Schmähkritik. Dies ergibt sich auch schon aus den strafrechtlichen Normen, die den Schutzbereich (§ 201 StGB usw.) sehr eng ziehen. Im Hinblick auf die Pressefreiheit kann der Einzelne nicht bestimmen, was über ihn berichtet werden soll –, auch nicht unter Berufung auf das Grundrecht auf informationelle Selbstbestimmung.

Zulässig ist die Berichterstattung gerade dann, wenn es sich um Ereignisse aus der Sozialsphäre handelt. Das BVerfG liegt damit voll auf der Linie des VI. Senats des BGH, die dieser in den vergangenen Jahren entwickelt hat (s. zuletzt BGH, Urt. v. 13.4.2010, Az. VI ZR 125/08 – ebenfalls zu Charlotte Casiraghi in einem ähnlichen Zusammenhang). Denn wer sich – wie hier die Tochter von Caroline – in die Öffentlichkeit begibt, muss damit rechnen, dass darüber berichtet wird. Denn eine umfassende Verfügungsbefugnis über die Darstellung der eigenen Person in dem Sinne, dass der Grundrechtsträger die ausschließliche Herrschaft auch über den Umgang der Öffentlichkeit mit denjenigen Aussagen oder Verhaltensweisen hätte, derer er sich öffentlich entäußert hat, gewährleistet die Verfassung nicht.

Die Wortberichterstattung, die das Kammergericht weitgehend untersagt hatte, erklärte das BVerfG für zulässig. Insoweit hatten die Verfassungsbeschwerden der Verlage Erfolg. Mit der Entscheidung des BVerfG sind für die Medien und auch die Betroffenen die Maßstäbe für eine Veröffentlichung deutlicher geworden. Auch wenn es noch weitere Verfahren in Straßburg und beim BGH in Karlsruhe gibt, hat das BVerfG sein neues Verständnis für die Wort- und Bildberichterstattung dargelegt. Es ist eine Hilfe für die Verlage und die Medienanwälte. Beide Seiten können mit den Leitlinien sicherlich leben. Es ist zu hoffen, dass der Straßburger Gerichtshof sich nicht noch einmal über eine durchdachte und in sich stimmige nationale Rechtsprechung hinwegsetzt.

Sarah Keller und Stefanie Häger: Das Recht am eigenen Bild nach dem Caroline-Urteil

„Die absolute Person der Zeitgeschichte ist Geschichte." – Martin W. Huff

Auf der Tagung des „netzwerk recherche" sprach Rechtsanwalt und Publizist Martin W. Huff über das Recht am eigenen Bild. Dabei stellte er klar, dass das Persönlichkeitsrecht nicht jede Form der Berichterstattung verbietet. Seine These: Seit dem Caroline-Urteil von 2004 gibt es die absolute und relative Person der Zeitgeschichte nicht mehr.

„In seinem ‚Caroline'-Urteil hat der Europäische Gerichtshof für Menschenrechte (EGMR) vor drei Jahren entschieden, die deutsche Rechtsprechung schütze das Privatleben von Prominenten nicht ausreichend. Dabei ging es um die Frage, ob die Medien Fotos verbreiten dürfen, die Prominente bei privaten Beschäftigungen in der Öffentlichkeit zeigen, etwa beim Stadtbummel, Skifahren oder Einkaufen." Das schrieb Professor Udo Branahl 2007 in einem Artikel im Journalistik-Journal.[1]

In dem Caroline-Urteil hatte der EGMR entschieden, dass es nicht zulässig sei, Bilder von der monegassischen Prinzessin zu veröffentlichen, die sie in einer privaten Situation zeigten. Jurist Martin W. Huff erklärt: „Sie hat gesagt, es gibt die europäische Menschenrechtskommission, die gilt auch für mich. Damit beruft sie sich auf Artikel 8, der den Schutz der Privatsphäre regelt. Auf der anderen Seite gibt es den Artikel 10, den Schutz der freien Meinungsäußerung – die Reihenfolge ist ähnlich wie in Deutschland, erst kommt das Persönlichkeitsrecht, dann die Pressefreiheit. Laut Caroline widerspricht das, was die deutschen Gerichte tun, jedoch dem, was die im Europarat verabschiedet haben." Zuvor hatten Caroline wiederholt deutsche Gerichte angerufen, um die Veröffentlichung von Fotos, die Szenen aus ihrem Privatleben zeigen, zu verhindern.

Das besagte Urteil hatte grundlegende Folgen für die Rechtsprechung im Bezug auf Abbildungen von Personen. Grundsätzlich ist das Recht am eigenen Bild seit 1907 im Kunsturhebergesetz geschützt. Demnach ist für die Veröffentlichung eines Bildnisses die Einwilligung aller abgebildeten Personen notwendig. Als Bildnis gilt eine identi-

[1] Journalistik-Journal: http://journalistik-journal.lookingintomedia.com/?p=57, Stand: 14.01.2011, 14:30 Uhr.

fizierbare Darstellung einer Person. Das muss keine Fotografie sein, auch Zeichnungen oder Karikaturen können Bildnisse darstellen.

Ein Bildnis darf allerdings ohne explizite Einwilligung der Betroffenen veröffentlicht werden, wenn eine der Ausnahmeregelungen greift. Eine Genehmigung ist zum Beispiel nicht erforderlich, wenn die gezeigten Personen auf dem Bild nur Beiwerk sind. Wird etwa eine Werkhalle abgebildet, in der ein Arbeiter beschäftigt ist und das Bild auch ohne ihn seinen Zweck erfüllte, wäre dieser Fall gegeben.

Auch bei der Fotografie einer Versammlung, eines Umzugs oder einer sonstigen Ansammlung von Menschen muss nicht zwingend eine Erlaubnis eingeholt werden. Dabei ist aber darauf zu achten, dass der Ausschnitt repräsentativ für das Ereignis ist. Es müssen nicht alle Teilnehmer der Versammlung zu sehen sein. Zum Beispiel darf ich Konzertbesucher fotografieren, mir aber nicht zwei betrunkene Jugendliche herauspicken und ins Zentrum meiner Bildberichterstattung stellen – sofern sie eine Ausnahme vom restlichen Publikum darstellen.

Eingeschränkt werden die Rechte am eigenen Bild auch dann, wenn das öffentliche Informationsinteresse größer ist als die schutzwürdigen privaten Interessen der abgebildeten Personen. Huff nennt dafür folgendes Beispiel: „Ausnahme ist immer der Paragraph 23, das öffentliche Interesse, nämlich das Ereignis der Zeitgeschichte. In 23 steht eine ganz alte Formulierung, dass dann mit Bild berichtet werden darf, auch dem konkreten Bild einer Person, wenn sie im Zusammenhang mit einem Ereignis der Zeitgeschichte steht. Zum Beispiel darf Herr Schröder von der Sparkasse Köln/Bonn im Bild gezeigt werden, wenn es um Millionenbetrügereien geht. Das ist innerhalb der Stadt Köln ein Ereignis der Zeitgeschichte und deshalb ist das öffentliche Informationsinteresse gegeben. Das Ereignis der Zeitgeschichte darf auch unterhaltenden Charakter haben. Um allen Vorurteilen vorzubeugen es dürfe nur noch um strenge, trockene, nicht süffisante oder ähnliche Berichterstattung gehen: Unterhaltender Charakter kann zur Meinungsbildung in der Gesellschaft beitragen. Meines Erachtens kann das sogar manchmal mehr beitragen als eine ganz ernste Berichterstattung."

So musste sich Caroline von Monaco zum Beispiel gefallen lassen, dass Fotos von ihr und ihrem Mann in St. Moritz veröffentlich wurden. Denn in dem Bericht wurde ebenfalls thematisiert, dass Carolines Vater schwer erkrankt sei. Trotzdem sei die Tochter in den Skiurlaub gefahren und habe den kranken Vater nicht besucht. Der Bundesgerichtshof wertete das als zulässig, da das Fehlverhalten von Prominenten zu einer Debatte mit hinreichendem Sachverhalt führe.

Einen Spaziergang des ehemaligen Nationaltorhüters Oliver Kahn mit seiner Freundin in St. Tropez bewertete das BGH allerdings nicht als einen Vorgang von zeitgeschichtlichem Interesse. Das Verhalten von Prominenten im Urlaub gehöre zu ihrer Privatsphäre – so lange es keinen weiteren Anlass zur Berichterstattung gebe.[2]

Angehende Journalisten sind noch mit dem Begriff der absoluten und relativen Person der Zeitgeschichte groß geworden. Eine absolute Person der Zeitgeschichte definiert Udo Branahl in seinem Buch „Medienrecht – eine Einführung" als eine Person, die von zeitgeschichtlichem Interesse ist, „weil das Publikum an ihr auf Grund ihres Status oder ihrer Bedeutung allgemein, d.h. unabhängig von einem bestimmten zeitgeschichtlichen Ereignis, ein berechtigtes Informationsinteresse hat".[3]

Das bezieht sich aber auf das Verbreitungsgebiet des Mediums. So kann ein Bürgermeister in seiner Gemeinde durchaus eine absolute Person der Zeitgeschichte sein, nicht aber notwendigerweise landes- oder bundesweit als eine solche gelten.
Die relative Person der Zeitgeschichte dagegen hat „durch ihr Auftreten im Einzelfall öffentliches Aufsehen erregt". Die Abbildung muss im Rahmen dieses Ereignisses erfolgen. Relative Personen der Zeitgeschichte können aber auch Partner und Partnerinnen von Prominenten sein, die sich öffentlich mit ihnen zeigen. „Ein besonders sensibler Bereich sind Personen im Umfeld von Prominenten, die selbst nicht prominent sind. Ihr gemeinsames Auftreten außerhalb offizieller Anlässe gilt gewöhnlich als ‚geschützter privater Bereich'", schrieb die Zeit in einem Artikel zum Thema. „Dementsprechend bekam die Lebensgefährtin von Herbert Grönemeyer 2007 vor dem BGH Recht, als sie gegen ein Urlaubsfoto klagte, das sie und Grönemeyer in einem Café in Rom zeigte." [4]

Dass es bei der Bildberichterstattung über Personen aber nicht immer nur auf das Bildmotiv an sich sondern auch auf den Gesamtkontext ankommt, erklärt Huff an einem weiteren Beispiel: „Natürlich war die Frage besonders interessant, ob mit Bild über die Villa von Ernst August von Hannover in Kenia berichtet werden durfte. Thema des Berichts war, dass diese Villa auch vermietet wird. Und in der Berichterstattung kam dann: Auch Adlige müssen ihre Villen mittlerweile vermieten um Unterhaltskosten zu bezahlen. Da haben die Gerichte, auch der BGH, deutlich gesagt, die Öffentlichkeit hat ein Interesse daran zu sehen, wie die mit ihrem Geld umgehen. Das heißt also,

[2] Vgl. http://journalistik-journal.lookingintomedia.com/?p=57, Stand: 14.01.2011, 14:30 Uhr.
[3] Branahl, Udo: Medienrecht – eine Einführung, 5. Auflage, Wiesbaden 2006, S.161.
[4] Quelle: http://www.zeit.de/gesellschaft/zeitgeschehen/2010-02/recherche-journalismus-promis?page=all, Stand: 19.1.2011, 15.09 Uhr.

wenn ich da Sachen miteinander koordiniere, dann muss ich diese Berichterstattung im Ergebnis zulassen."

Aber wann ist es generell noch erlaubt, über Prominente zu berichten, wenn sie keine absoluten Personen der Zeitgeschichte mehr darstellen? Im Urteil des Europäischen Gerichtshofs für Menschenrechte aus dem Jahr 2004 bezüglich der monegassischen Prinzessin Caroline heißt es: „Das entscheidende Kriterium für die Abwägung zwischen Schutz des Privatlebens einerseits und Freiheit der Meinungsäußerung andererseits besteht nach Ansicht des Gerichtshofes darin, inwieweit die veröffentlichten Fotos zu einer Debatte beitragen, für die ein Allgemeininteresse geltend gemacht werden kann. Im vorliegenden Fall handelt es sich um Fotos aus dem Alltagsleben von Caroline von Hannover, um Fotos also, die sie bei rein privaten Tätigkeiten zeigen. [...] Ferner mag die Öffentlichkeit zwar ein Recht darauf haben, informiert zu werden, ein Recht, das sich unter besonderen Umständen auch auf das Privatleben von Persönlichkeiten des öffentlichen Lebens erstrecken kann, im vorliegenden Fall ist ein solches Recht jedoch nicht gegeben." [5]
Entscheidend ist also nicht der Bekanntheitsgrad von Caroline, sondern vielmehr, ob der Inhalt der Bilder und der Berichterstattung von allgemeinem öffentlichem Interesse und hinreichender Relevanz sind. Das hat laut Martin Huff Folgen für die aktuelle Rechtsprechung: „Unsere Rechtsprechung ist in den vergangenen sechs Jahren wieder auf dieses Ereignis der Zeitgeschichte eingegangen. Absolute und relative Person der Zeitgeschichte löschen Sie mal aus allen Lehrbüchern und ähnlichem bitte raus. Wir sind beim Ereignis der Zeitgeschichte und einem abgestuften Schutzkonzept. "
Dieses abgestufte Schutzkonzept unterscheidet verschiedene Sphären. Je intimer die Sphäre, desto größer der Schutz. Udo Branahl nennt in seinem Lehrbuch zum Medienrecht fünf solcher Sphären: Intimsphäre, Geheimsphäre, Privatsphäre, Sozialsphäre und Öffentlichkeitssphäre.

Die Intimsphäre genießt den stärksten Schutz, zu ihr gehört zum Beispiel das Sexualleben. In der Geheimsphäre sind alle Lebensäußerungen erfasst, deren Geheimhaltung gesetzlich geschützt ist (zum Beispiel Brief- und Fernmeldegeheimnis). Außerdem private Aufzeichnungen wie Tagebücher oder Ähnliches. Durch die Privatsphäre sind Bereiche des Lebens geschützt, die gegen Einblicke von außen abgeschirmt sind. Auch persönliche Daten, wie der Gesundheitszustand oder die Religion, fallen in den Bereich der Privatsphäre. Privates Verhalten in der Öffentlichkeit fällt in den Bereich der Sozialsphäre, dazu gehört zum Beispiel der Ein-

[5] Caroline-Urteil des EGMH, zitiert nach: http://www.echr.coe.int/ger/Chamber%20judgment%20von%20Hannover%20German%20version.htm, Stand: 14.01.2011, 15:00 Uhr.

kaufsbummel, ein Besuch in der Kneipe oder der Besuch öffentlicher Veranstaltungen. Darüber darf berichtetet werden, wenn es ein berechtigtes Interesse gibt zum Beispiel, wenn die Person sich falsch verhält oder gegen das Bild verstößt, welches sie von sich in der Öffentlichkeit propagiert. Etwa wenn Ernst August von Hannover am Steuer seines Wagens ein Tempolimit missachtet oder ein bekennender Tierschützer seinen Hund schlägt.

Wer sich bewusst an die Öffentlichkeit wendet, zum Beispiel mit einer Rede, befindet sich in der Öffentlichkeitssphäre. Er kann sich in der Regel nicht unter Berufung auf das allgemeine Persönlichkeitsrecht gegen eine Berichterstattung zur Wehr setzten.[6]
Je geschützter die Sphäre, desto berechtigter muss das Informationsinteresse sein, sagt Huff: „Wir müssen immer Informationsinteresse und Persönlichkeitsinteresse in Einklang bringen, und dann gucken, in welchen Sphären die Fotos entstanden sind und in welchem Sachzusammenhang sie veröffentlicht werden. Meines Erachtens ist das was Neues, weg von der absoluten und relativen Person der Zeitgeschichte. Ich glaube, wir können sagen, da hat das Gericht diese Figuren mal endgültig tot gemacht."
Bei der Entscheidung, ob ein Bild oder Text veröffentlich werden darf, muss der Journalist stets abwägen, sagt Huff weiter: „Ich muss mir überlegen, wo stehe ich. Der Bundesgerichtshof hat das in Folgeentscheidungen wörtlich so formuliert: Je größer der Informationswert für die Öffentlichkeit ist, desto mehr muss das Schutzinteresse desjenigen, über den informiert wird, hinter den Informationsbelangen der Öffentlichkeit zurücktreten. Umgekehrt wiegt aber auch der Schutz der Persönlichkeit des Betroffenen desto schwerer, je geringer der Informationswert für die Allgemeinheit ist."

Bei dieser Entscheidung wird grundsätzlich nicht mehr zwischen Prominenten und dem Durchschnittsbürger unterschieden. Ein hoher Bekanntheitsgrad ist seit dem Caroline–Urteil von 2004 kein gültiger Anlass mehr für eine Bildberichterstattung.
Aber wird dadurch die Freiheit der Medien eingeschränkt, wie es viele Journalisten befürchtet hatten? Huffs Einschätzung: „Es ist nicht so viel verboten worden, wie vermutet wird. Die Befürchtung, dass ganz vieles verboten wird, hat sich in den vergangenen sechs Jahren nach Caroline nicht bestätigt. Wenn man insbesondere die Rechtsprechung des zuständigen Zivilsenats des BGH anguckt, ist das eine sehr saubere Abwägung, nicht nur bei Caroline, auch bei Heide Simonis, auch bei anderen Entscheidungen."

[6] Nach Branahl,Udo: a.a.O., S. 127-131.

Thomas Leif (Hrsg.)
Trainingshandbuch Recherche
Informationsbeschaffung professionell
2., erweiterte Auflage

Alexander Sättele:
Keine Beihilfe zum Geheimnisverrat

Informantenschutz und Redaktionsgeheimnis bewahren Journalisten vor Strafverfolgung. Dennoch erlauben Rechtslücken die Durchsuchung von Redaktionsräumen. Nun ist eine Gesetzesänderung in Sicht.

Die Pressefreiheit ist eines der höchsten Güter im demokratisch verfassten Staat. Den Vätern und Müttern des Grundgesetzes, die die Aus- und Gleichschaltung der freien Presse nach der Machtergreifung durch die Nationalsozialisten größtenteils selbst miterlebt hatten, war dieser Umstand offensichtlich sehr bewusst: Das Grundgesetz gewährleistet die Freiheit der Presse sowie die Freiheit der Berichterstattung durch Rundfunk und Film nicht nur als institutionelle Garantie, sondern als individuelles Grundrecht (Art. 5 Abs. 1 S. 2 GG), auf das sich jeder einzelne Medienangehörige persönlich berufen kann.

Die Freiheit der Medien – so der mittlerweile gebräuchliche Sammelbegriff – wird im Grundgesetz an herausragender Stelle, nämlich im Abschnitt über die Grundrechte, garantiert. Dort ist auch festgeschrieben, dass eine Zensur nicht stattfindet (Art. 5 Abs. 1 S. 3 GG). Beim Bundesverfassungsgericht ist das Bewusstsein für die besondere Bedeutung der Freiheit der Medien ebenfalls vorhanden. So heißt es in der sogenannten Cicero-Entscheidung des Bundesverfassungsgerichts am Beginn der Urteilsgründe knapp aber deutlich: »Die Freiheit der Medien ist konstituierend für die freiheitliche demokratische Grundordnung.«
Allerdings wird die Freiheit der Medien auch von Verfassung wegen nicht uneingeschränkt gewährleistet – Medienangehörige stehen selbstverständlich nicht außerhalb der Rechtsordnung. Diesem Umstand trägt auch das Grundgesetz Rechnung, indem es die Medienfreiheit in Art. 5 Abs. 2 GG ausdrücklich einschränkt: »Diese Freiheit findet ihre Schranken in den Vorschriften der allgemeinen Gesetze, den gesetzlichen Bestimmungen zum Schutze der Jugend und in dem Recht der persönlichen Ehre.« Zu den allgemeinen Gesetzen im Sinne dieser Vorschrift zählen auch die Strafgesetze. Diese gelten nach der Konzeption des Grundgesetzes also ohne Weiteres auch für Medienangehörige, die in Ausübung ihres Berufes Straftaten begehen.

Auf den ersten Blick mag man dagegen nichts einzuwenden haben. Denn wenn ein Medienangehöriger zum Beispiel in eine Wohnung einbricht, um dort Dokumente zu stehlen, oder einen Amtsträger besticht, um von diesem

Informationen zu erhalten, dann ist dieses Verhalten mit einer verantwortungsbewussten journalistischen Tätigkeit ohnehin nicht zu vereinbaren und verdient daher auch keinen Schutz vor strafrechtlicher Ahndung. Bei weniger offensichtlichen Verstößen gegen journalistische Standards kann diese Wertung hingegen weit weniger eindeutig ausfallen. So dürfte vielen Medienangehörigen nicht bewusst sein, dass bereits die unbefugte Aufnahme des nicht öffentlich gesprochenen Wortes nach § 201 des Strafgesetzbuches (StGB) strafbar ist. Anders lässt es sich kaum erklären, dass Medienangehörige scheinbar regelmäßig Filmaufnahmen mitsamt Tonspur herstellen, auf der sie das nicht öffentlich gesprochene Wort eines heimlich Aufgenommenen aufzeichnen – das Prinzip versteckte Kamera. Zur Verwirrung mag hier beitragen, dass eine etwaige Veröffentlichung solcher Filmaufnahmen einschließlich der auf strafbare Weise aufgezeichneten Tonspur ihrerseits nicht strafbar ist, wenn die Veröffentlichung der Wahrnehmung überragender öffentlicher Interessen dient. An der Strafbarkeit des Medienangehörigen, der die Tonspur hergestellt hat, ändert dies jedoch nichts.

Solche Straftaten werden aber so gut wie nicht verfolgt. Das weist darauf hin, dass die staatlichen Ermittlungsbehörden durchaus ein Gespür für die Verhältnismäßigkeit von Strafverfolgungsmaßnahmen entwickeln können – solange »nur« die Interessen privater Dritter betroffen sind. Das mag für den Zustand der Medienfreiheit in Deutschland sprechen. Ganz anders kann sich die Situation hingegen darstellen, wenn sich der Staat in seinen eigenen Interessen betroffen sieht. Insbesondere dann, wenn er das – grundsätzlich anerkennenswerte – Interesse an der Geheimhaltung bestimmter Informationen durch die Berichterstattung der Medien für verletzt hielt, war der Staat in der Vergangenheit immer wieder bereit, hart bis an die Grenze des (verfassungs-)rechtlich Zulässigen zu gehen – und bisweilen auch darüber hinaus. Das spricht sicherlich gegen den Zustand der Medienfreiheit in Deutschland. Denn die freie Beschaffung von Informationen sowie der Schutz der von Informationsquellen und Informanten (also das sogenannte Redaktionsgeheimnis und der Informantenschutz) sind wesentliche Funktionsbedingung freier Medien und gehören zum Kernbestand der grundgesetzlich gewährleisteten Medienfreiheit. Staatliche Eingriffe in diesen Kernbereich stellen eine erhebliche Beeinträchtigung der Medienfreiheit dar.

Das bekannteste Beispiel für einen solchen schwerwiegenden Eingriff ist die Spiegel-Affäre aus dem Jahr 1962. Nachdem der Spiegel am 10. Oktober 1962 in einem Artikel anlässlich eines Nato-Großmanövers kritisch über den damaligen Ausrüstungsstand und die militärische Planung der Bundeswehr berichtet hatte, hielten Ermittlungsbeamte die Redaktionsräume des Spiegel über Wochen hinweg besetzt, vorgeblich, um nach Beweisen für einen vermeintlichen »Abgrund von Landesverrat« zu suchen, die sie in den Redaktionsräumen vermuteten.

Tatsächlich, so ließ Rudolf Augstein vier Jahre später vor dem Bundesverfassungsgericht vortragen, sei es den Ermittlungsbehörden jedoch um die »Unschädlichmachung der Informanten« gegangen, also um die Ermittlung und Bestrafung derjenigen Personen, die den Spiegel mit den angeblich geheimen Informationen über die Bundeswehr versorgten. Zwar scheiterte Augstein mit seiner Verfassungsbeschwerde; das Bundesverfassungsgericht hat in der Spiegel-Entscheidung vom 5. August 1966 allerdings klargestellt, dass Durchsuchungen und Beschlagnahmen in einem Ermittlungsverfahren gegen Presseangehörige verfassungsrechtlich unzulässig sind, wenn sie ausschließlich oder vorwiegend dem Zweck dienen, die Person des Informanten zu ermitteln. Damit war das sogenannte Redaktionsgeheimnis von Verfassungs wegen anerkannt. Der Gesetzgeber hat als Folge dieser Entscheidung den Informanten- und Quellenschutz deutlich verbessert. Nach § 53 Abs. 1 Nr. 5 S. 2 der Strafprozessordnung (StPO) dürfen Medienangehörige im Strafverfahren das Zeugnis über die Person eines Informanten sowie über die Mitteilungen bzw. Materialien, die sie von einem Informanten erhalten haben, verweigern.

Hieran anknüpfend ist gemäß § 97 Abs. 5 S. 2 StPO die Beschlagnahme von Schriftstücken, Ton-, Bild- und Datenträgern, Abbildungen und anderen Darstellungen, die von einem Informanten stammen und sich im Gewahrsam eines Medienangehörigen oder eines Verlages, einer Druckerei oder einer Rundfunkanstalt befinden, unzulässig – selbst dann, wenn sich der Informant durch die Weitergabe dieser Materialien an einen Journalisten strafbar gemacht haben sollte. Die Anordnung einer Durchsuchung zum Zwecke der Beschlagnahme solcher Materialien ist damit ebenfalls unzulässig. Dies gilt gemäß § 97 Abs. 2 S. 3 stopp jedoch nicht, wenn die in Rede stehenden Materialien aus einer Straftat herrühren – also z.B. einem Dritten gestohlen wurden – oder der begründete Verdacht besteht, dass der Medienangehörige, in dessen Gewahrsam sich die Materialien befinden, selbst in strafbarer Weise an deren Beschaffung beziehungsweise Weitergabe beteiligt gewesen ist.

Allerdings sind auch in diesem Fall Durchsuchung und Beschlagnahme nur dann zulässig, wenn sie im Hinblick auf das besondere Gewicht der Medienfreiheit nicht außer Verhältnis zur Bedeutung des aufzuklärenden Sachverhalts steht, und die Ermittlungen ansonsten aussichtslos oder wesentlich erschwert wären. Nach der Papierform scheint das Gesetz damit einen umfassenden Informanten- und Quellenschutz zu gewährleisten.

Tatsächlich haben die Ermittlungsbehörden dennoch immer wieder ein Einfallstor in Redaktionsräume und Journalistenwohnungen gefunden, insbesondere dann, wenn es darum ging, Informanten aus Ämtern und Behörden ausfindig zu machen, die tatsächliche oder vermeintliche Dienstgeheimnisse an Medienangehörige zur Veröffentlichung weitergegeben hatten. Da dieser Informant auf herkömmlichem Wege in aller Regel nicht zu ermitteln war, versuchten es die Ermittlungsbehörden immer wieder auf dem Umweg über die Redaktionsräume.

Hierzu war es aufgrund der geschilderten gesetzlichen Regelung allerdings erforderlich, gegen diejenigen Medienangehörigen, die das Dienstgeheimnis veröffentlichten, den Verdacht der Beteiligung an einer Straftat zu begründen. Ansatzpunkt hierfür war vor allem die ansonsten wenig bekannte Vorschrift des §353 b StGB. Sie bedroht einen Amtsträger, der ein Geheimnis unbefugt offenbart und hierdurch das Dienstgeheimnis verletzt, mit Freiheitsstrafe bis zu fünf Jahren oder mit Geldstrafe.

Als Täter einer Verletzung des Dienstgeheimnisses kommt ein Medienangehöriger von vornherein nicht (mehr) in Betracht. Seit einer Gesetzesänderung im Jahre 1979 ist der unmittelbare Anwendungsbereich der Vorschrift auf Amtsträger und ihnen durch das Gesetz gleichgestellte Personen beschränkt. Gleichwohl kommt für eine Strafbarkeit wegen Anstiftung (§ 26 StGB) oder Beihilfe (§ 27 StGB) auch jeder Nicht-Amtsträger – mithin also auch Medienangehörige – in Betracht. Als Anstifter kann sich ein Medienangehöriger bereits dann strafbar machen, wenn er einen Amtsträger bittet, ihm behördliche Interna mitzuteilen, die – unabhängig davon, ob tatsächlich ein Bedürfnis nach Geheimhaltung besteht – schon deshalb ein Dienstgeheimnis darstellen, weil sie erstens nicht allgemein bekannt sind. Zudem unterliegt der Amtsträger zweitens der allgemeinen dienstrechtlichen Verpflichtung, das Amtsgeheimnis zu wahren.

Selbst dann, wenn die Initiative zur Offenbarung solcher Interna ausschließlich von Seiten des Amtsträgers ausging, kann sich ein Medienangehöriger nach der noch geltenden Rechtslage wegen Beihilfe zur Verletzung des Dienstgeheimnisses strafbar machen, wenn er die vom Amtsträger erhaltene Information veröffentlicht. Das gilt jedenfalls dann, wenn der Amtsträger die Information zum Zwecke der Veröffentlichung an einen Medienangehörigen weitergibt. In diesem Fall fördert der Medienangehörige die nach der Vorstellung des Amtsträgers erst mit der Veröffentlichung der Information beendete Offenbarung des Geheimnisses durch dessen öffentliche Verbreitung. Allerdings liegt der Fall skurrilerweise anders, wenn der Amtsträger das Geheimnis nur deshalb offenbart, um einem Medienangehörigen eine Hintergrundinformation zukommen zu lassen, die nicht veröffentlicht werden soll. Dann ist die Offenbarung des Dienstgeheimnisses – jedenfalls nach der Vorstellung des Amtsträgers – mit der Weitergabe an den Medienangehörigen beendet, sodass für einen Beihilfevorwurf kein Raum bleibt. Die Strafbarkeit eines Medienangehörigen wegen Beihilfe zum Geheimnisverrat kann somit von einem subtilen, objektiv kaum verifizierbaren Unterschied in der Vorstellung des Amtsträgers bei der Offenbarung des Dienstgeheimnisses abhängen. Daran hat auch das Cicero-Urteil des Bundesverfassungsgerichts vom 27. Februar 2007 nichts geändert. Das Gericht hat gegen diese Begründung einer Beihilfestrafbarkeit von Verfassungswegen keine Einwände erhoben. Es hat allerdings die Voraussetzungen für die Anordnung einer Durchsuchung bzw. Beschlagnahme in diesen Fällen im Hinblick auf den Schutz des Redaktionsgeheimnisses weiter verschärft.

Um zu verhindern, dass solche Maßnahmen ausschließlich oder vorwiegend zu dem Zweck angeordnet werden, die Person des Informanten zu ermitteln, soll die bloße Veröffentlichung eines Dienstgeheimnisses nicht ausreichen, um den Verdacht der Beihilfe des Medienangehörigen zur Verletzung des Dienstgeheimnisses zu begründen und damit die Anordnung strafprozessualer Zwangsmaßnahmen zu rechtfertigen. Hierfür sind nunmehr weitere Tatsachen erforderlich, die über den Umstand der Veröffentlichung hinausgehen.

Da sich solche Tatsachen in der Praxis kaum ermitteln lassen, hat die Cicero-Entscheidung den Zutritt zu den Redaktionsräumen weiter erschwert – völlig ausgeschlossen hat sie ihn aber nicht. Für die Medienangehörigen bleibt ein kaum abschätzbares Strafbarkeitsrisiko bei der Veröffentlichung von Dienstgeheimnissen, die ihnen von einem Amtsträger offenbart wurden, bestehen. Die Bundesregierung hat die Cicero-Entscheidung zum Anlass genommen, dieses Strafbarkeitsrisiko endgültig zu beseitigen. Ihr Entwurf eines Gesetzes zur Stärkung der Pressefreiheit, das voraussichtlich in Kürze den Bundestag passieren soll, sieht vor, § 353b StGB einen weiteren Absatz einzufügen, wonach Beihilfehandlungen von Medienangehörigen nicht rechtswidrig – und damit nicht strafbar – sind, wenn sie sich auf die Entgegennahme, Auswertung oder Veröffentlichung des Geheimnisses beschränken. Diese Regelung ist uneingeschränkt zu begrüßen. Sie führt nicht nur zu einer weiteren Verbesserung des Schutzes des Redaktionsgeheimnisses, sondern stellt auch klar, dass ein Medienangehöriger, der vertrauliche, aber objektiv nicht geheimhaltungsbedürftige Informationen veröffentlicht, keine Straftat begeht, sondern seinen Beitrag zur öffentlichen Meinungsbildung leistet.

Zu kritisieren ist allenfalls, dass der Gesetzgeber nicht den Mut gefunden hat, auch die Anstiftung zum Geheimnisverrat straflos zu stellen. Vielleicht wird auch hier das Bundesverfassungsgericht dem Gesetzgeber eines Tages den richtigen Weg weisen müssen.

Wir haben das Berufsbild Journalismus so definiert:

Präambel

Journalistinnen und Journalisten üben einen Kommunikationsberuf aus. Ihre Arbeit ist unverzichtbarer Teil eines gesellschaftlichen Kommunikationsprozesses, der allen Menschen die Teilhabe an demokratischen Entscheidungen auf der Basis verlässlicher Informationen ermöglicht.

Journalisten machen in Medien Vorgänge, Ereignisse, Sachverhalte und Zusammenhänge öffentlich, damit die in der Gesellschaft lebenden Menschen erkennen können, welche Einflüsse und Kräfte in der Gesellschaft wirken. Journalisten haben die Aufgabe, alle Menschen mit Informationen zu versorgen, die für sie bedeutend sind.

Sie achten und verteidigen die Menschenrechte. Sie schützen ihre Quellen und halten redaktionell-journalistische Inhalte frei von Werbung und PR. Ihre Arbeit folgt dem Sorgfaltsgebot und ist dem öffentlichen Interesse verpflichtet. Ethische Basis ihrer Arbeit sind die Publizistischen Grundsätze des Deutschen Presserats und die Prinzipien gleichwertiger Regelwerke.

Die als Pressefreiheit bezeichnete Freiheit der Medien, Informationen und Meinungen unzensiert zu veröffentlichen, ist in Deutschland in Art. 5 des Grundgesetzes verankert: „Jeder hat das Recht, seine Meinung in Wort, Schrift und Bild frei zu äußern und zu verbreiten und sich aus allgemein zugänglichen Quellen ungehindert zu unterrichten. Die Pressefreiheit und die Freiheit der Berichterstattung durch Rundfunk und Film werden gewährleistet. Eine Zensur findet nicht statt."

Weitere ausführlich definierte Punkte:

Tätigkeitsbeschreibung und Arbeitsfelder

Ausbildung / Qualifikation / Berufszugang

Qualitätsanforderung an guten Journalismus…

- → braucht angemessene Arbeitsbedingungen und soziale Sicherheit,
- → heißt Zeit für Recherche,
- → steht und fällt mit solidem handwerklichen Können,
- → orientiert sich an ethischen und publizistischen Grundsätzen,
- → braucht Schutz vor Eingriffen,
- → lebt von Unabhängigkeit,
- → braucht Anregung und Kritik von innen und außen,
- → braucht eine permanente Qualitäts-Prüfung und Qualitäts-Sicherung.

Aus: dju-Publikation „Berufsbild Journalismus"
http://dju.verdi.de/schwerpunkte/berufspolitik/1109_berufsbild-journalismus
Weitere Informationen unter http://dju.verdi.de

Deutsche Journalistinnen- und Journalisten-Union (dju) in ver.di
Paula-Thiede-Ufer10
10179 Berlin
E-Mail: dju@verdi.de
web: http://dju.verdi.de

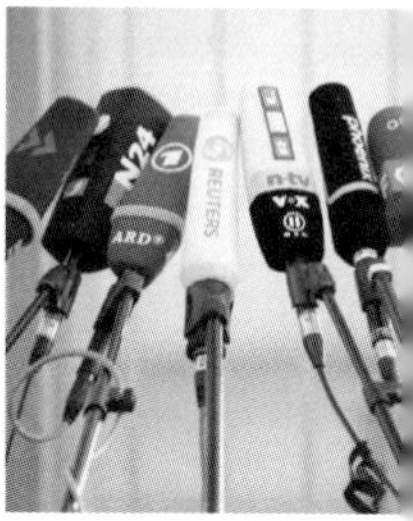

Fotos: Hermann Haubrich

deutsche journalistinnen- und journalisten-union

dju.

Deutsche Journalistinnen- und Journalisten-Union

Fachgruppe Medien in ver.di

ver.di

Manfred Redelfs: Das Schweigen der Ämter – eine journalistische Horrorvorstellung

Einblicke in Originaldokumente: Wie Journalisten das Informationsfreiheitsgesetz und das Umweltinformationsgesetz nutzen können.[1]
Dokumentiert von BENEDIKT BORCHERS und DANIEL KLAGER

„Akteneinsichtsrecht" – das klingt für viele Journalisten erstmal langweilig. Daher zum Einstieg einige Praxisbeispiele, warum die Beschäftigung mit diesem Thema lohnend ist:

Beispiel 1: Sponsoring von Bundesministerien

Wenn das Verteidigungsministerium feiert, dann geht das mitunter auf Kosten von Geldgebern, die niemand vermutet hätte: Nicht die Mitarbeiter zahlen für ihr Vergnügen und auch nicht die Bundeskasse, sondern der Rüstungs- und Technologiekonzern EADS. 87.000 Euro sind von 2003 bis 2007 geflossen, um z. B. den „Ball des Sanitätsdienstes" zu unterstützen oder das Oktoberfest des Heeresverbindungsstabes USA in Alabama. EADS sowie die Tochterunternehmen zahlten bei solchen Anlässen für die Musik und die Bewirtung oder ermöglichten ein Feuerwerk. Die Details dieses Regierungssponsorings, das auch in anderen Ressorts üblich ist, hat der stern-Journalist Hans-Martin Tillack mit Hilfe des Informationsfreiheitsgesetzes (IFG) aufgedeckt. Da EADS zu den wichtigsten Auftragnehmern des Verteidigungsministeriums gehört, sprechen die Beteiligten nicht gern darüber. Doch trotz anfänglicher Widerstände mussten die Fakten offengelegt werden, dank eines neuen Transparenzgesetzes.[2] Die Pressestelle hätte diese Information nicht so freimütig herausgerückt, wenn der Journalist sich nicht auf das Informationsfreiheitsgesetz berufen hätte.

---

[1] Dieser Beitrag gibt einen Vortrag von Dr. Manfred Redelfs auf der nr-Fachtagung Presserecht in Dortmund vom 29. bis 31. Oktober 2010 wieder; er orientiert sich am Wortlaut des Vortrages.
Dr. Manfred Redelfs ist Gründungsmitglied des netzwerk recherche und engagiert sich dort für Informationsfreiheit. Er hat Politikwissenschaft und Journalistik in Hamburg, Washington, Berkeley und Oxford studiert und ist heute Leiter des Recherche-Teams bei Greenpeace Deutschland. Mit der Einsicht in Originaldokumente beschäftigt er sich „aus staatsbürgerlicher Notwehr, weil wir natürlich auch bei Greenpeace Auskunftsansprüche gegenüber Ämtern durchsetzten müssen." Sein Vortrag basierte daher vor allem auf Beispielen aus seiner praktischen Arbeit, die sich auch auf die Arbeit im Journalismus übertragen lassen. Gleichzeitig gibt er im Vortrag aber auch konkrete Tipps für die journalistische Praxis und greift Fallbeispiele aus dem Journalismus auf.

[2] „Sponsoring: Wo Bier und Euro fließen" von Hans-Martin Tillack; URL: http://www.stern.de/politik/deutschland/sponsoren-wo-bier-und-euro-fliessen-592217.html; Stand: 30.11.2010, 18:27

Beispiel 2: Die Promotionsakte von Angela Merkel

Auch das nächste Beispiel ist als Ansporn gedacht, sich mit der Akteneinsicht zu beschäftigen. Der Spiegel hat Anfang 2010 eine Geschichte über die Promotionsnoten von Angela Merkel gebracht[3]. Es gab eine andauernde Debatte, wie nah oder fern die Bundeskanzlerin dem DDR-Regime war. Deswegen wollte der Spiegel wissen, wie sie abgeschnitten hat. Das Ergebnis war: In Physik hat Merkel mit „sehr gut", in Marxismus/Leninismus dagegen nur mit „genügend" abgeschnitten. Umgekehrt wäre es zwar die bessere journalistische Geschichte gewesen, aber viel ausschlaggebender ist, dass man als Journalist selbst an solche Auskünfte herankommt. Auch wenn es in diesem Fall keine Akteneinsicht war, sondern eine Aktenauskunft, die der Spiegel ganz klassisch unter Berufung auf den Auskunftsanspruch nach dem Landespressegesetz (LPG) durchgesetzt hat. Entscheidend war in diesem Fall, dass der Spiegel auch bereit war, vor dem Verwaltungsgericht zu klagen. So hat die Berlin-Brandenburgische Akademie der Wissenschaften gemerkt, dass der Spiegel es wirklich ernst meinte und es keine beiläufige Anfrage war. Und noch bevor es zur Verhandlung kam, wurden die Informationen freiwillig herausgegeben.

Beispiel 3: Uran im Trinkwasser

Das ARD-Politmagazin „Report München" berichtete 2008 über die Uranbelastung des Trinkwassers[4]: Im Laufe der Recherche hatte sich herausgestellt, dass es erstens keinen Grenzwert für die Uranbelastung von Trinkwasser gibt und dass zweitens Uranwerte je nach geologischer Beschaffenheit regional sehr unterschiedlich ausfallen können. Das hat damals ziemlichen Wirbel verursacht und war auch eine Titelgeschichte der Süddeutschen Zeitung[5]. Im Grunde genommen war das Thema sehr einfach zu recherchieren, denn diese Recherche ist unter Berufung auf das Umweltinformationsgesetz gelaufen. Es reichte ein Standardschreiben an die sechzehn Lebensmitteluntersuchungsämter unter Berufung auf diese gesetzliche Grundlage, die später noch genauer erläutert werden soll.

Beispiel 4: E-Mails zur Bankenrettung in den USA

Das letzte Beispiel ist ein Blick über die Grenzen, denn man kann als deutscher Journalist auch ausländische Auskunftsrechte nutzen. Wir sehen in der Abbildung eine E-Mail von dem Tag, an dem der damalige US-Finanzminister Henry Paulson die Teilverstaatlichung

---

[3] „Merkels Promotionsnoten: Glänzend in Physik, mäßig in der Ideologie", URL: http://www.spiegel.de/politik/deutschland/0,1518,675061,00.html; Stand: 30.11.2010, 18:29

[4] Vgl. http://www.presseportal.de/pm/7560/1240411/br_bayerischer_rundfunk/rss; Stand: 30.11.2010, 18:40

[5] „Uran im Trinkwasser: Das ignorierte Schwermetall" von M. Hammer und C. Schrader; URL: http://www.sueddeutsche.de/wissen/uran-im-trinkwasser-das-ignorierte-schwermetall-1.578877; Stand: 31.11.2010, 18:44

From: Wilkinson, Jim
To: Jester, Dan (Contractor); Nason, David; Norton Jerermiah
Cc: Fromer, Kevin
Sent: Mon Oct 13 07:17:36 2008
Subject: Big 9

Can someone tell Michele Davis, Fromer and me who the "Big 9" are? What are the specific companies?

James R. Wilkinson
Chief of Staff
Department of the Treasury
(202) 622-1906
jim.wilkinson@do.treas.gov

Quelle: www.judicialwatch.org

der amerikanischen Großbanken bekannt gegeben hat.
Die Nichtregierungsorganisation „Judicial Watch" hat unter Berufung auf den „Freedom of Information Act" das ist das amerikanische Gegenstück zum Informationsfreiheitsgesetz die Bekanntgabe sämtlicher E-Mails, die sich auf diesen Vorgang bezogen, beantragt und sie auch bekommen.

Das kuriose Ergebnis: Kurz vor dem wichtigen Treffen fragten leitende Beamte, wer denn die Banken sind, um die es eigentlich geht. Aus solchen Details ist natürlich auch das allgemeine Chaos erkennbar und die große Aufregung, die an diesem Tag herrschte. Es wurde in diesen E-Mails auch diskutiert, ob man die Gegend nicht weiträumig absperren sollte, damit den Bankchefs keine Journalisten auflauern oder Fotografen sie ablichten können. Die E-Mail-Debatte zeigt auch, dass man diese Idee wieder verworfen hat, weil man zu dem Ergebnis gekommen ist, dass man so wahrscheinlich für noch mehr Aufmerksamkeit sorgen würde. Diese Akteneinsicht hätte jeder Journalist beantragen können, nicht nur eine Nichtregierungsorganisation. Auch jeder deutsche Journalist hätte das Recht gehabt, einen solchen Antrag zu stellen. Und diese Geschichte war durchaus auch für deutsche Medien interessant. Die „Zeit" hat darüber nicht nur online, sondern, wie die Financial Times Deutschland, auch in der Printausgabe berichtet.[6]

Auskunftsrechte für Journalisten

Nach den Beispielen folgt nun eine kurze Übersicht zu den journalistischen Auskunftsrechten. Dabei soll aber nicht auf den Auskunftsanspruch nach den Landespressegesetzen ein-

[6] „Banken: »Wer sind die Big 9?« „ URL: http://www.zeit.de/2009/23/F-Bankenrettung; Stand 30.11.2010, 19:01

gegangen werden, weil ihm ein eigenes Kapitel gewidmet ist[7]. Vielmehr sollen an dieser Stelle vor allem das Informationsfreiheitsgesetz und das Umweltinformationsgesetz behandelt werden. Auf das Verbraucherinformationsgesetz als ein weiteres Akteneinsichts- bzw. Aktenauskunftsrecht soll nicht weiter Bezug genommen werden, da es eher mangelhaft ausgefallen ist. Es soll zwar dem besseren Informationsfluss bei Lebensmittelskandalen dienen, enthält aber in seiner momentanen Fassung so viele Ausnahmeregeln, dass es in der Realität leider kein sehr wirkungsvolles Instrument ist. Registereinsichtsrechte bleiben an dieser Stelle gleichfalls ausgeklammert.

Das Informationsfreiheitsgesetz (IFG)

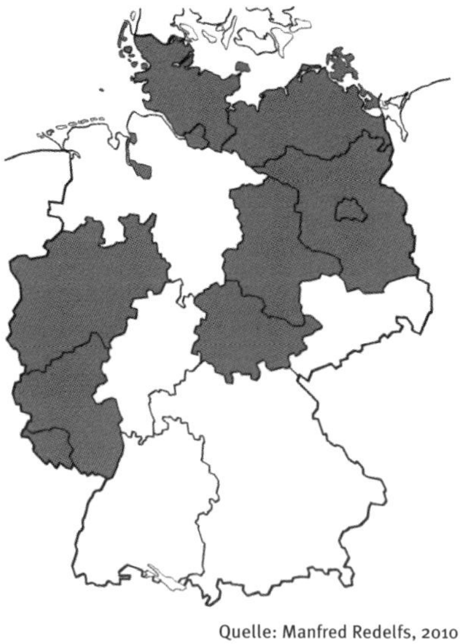

Quelle: Manfred Redelfs, 2010

Zunächst einmal ist es wichtig zu wissen, dass das Informationsfreiheitsgesetz mit einem deutschen Grundprinzip bricht, nämlich dem der Amtsverschwiegenheit. Traditionell hatte alles, was die Verwaltung produzierte, internen Charakter. Es sei denn, es griffen besondere Rechte wie zum Beispiel für Journalisten nach dem Auskunftsanspruch auf Basis der Landespressegesetze. Das Informationsfreiheitsgesetz kehrt diese Verhältnisse um und besagt, dass alles, was die Verwaltung produziert, erst einmal grundsätzlich öffentlich ist. Es sei denn, es gibt besondere Ausnahmegründe, beispielsweise zum Datenschutz oder zum Schutz von Betriebs- und Geschäftsgeheimnissen. Die Ausgangssituation für Journalisten wurde verbessert. Denn die Behörde ist in der Pflicht und muss begründen, warum sie eine Auskunft nicht gibt oder die Akteneinsicht verweigert.

Nachdem netzwerk recherche und andere Journalistenverbände jahrelang eine Kampagne für das Gesetz auf Bundesebene geführt hatten, wurde es 2006 eingeführt, auch wenn es nicht die gewünschte Qualität hat. In welchen Bundesländern es ein Informationsfreiheitsgesetz auf Länderebene gibt, zeigt die Karte: Gerade einmal elf von sechzehn Bundesländern haben ein gesetzlich geregeltes Auskunftsrecht. Anhand der Karte ist zu sehen, dass die Einführung weitgehend politi-

[7] Siehe Beitrag Branahl, S. 73 ff.

schen Mehrheiten folgt; es wird deutlich, dass man sich in den unionsregierten Bundesländern mit diesem Rechtsprinzip anscheinend nicht so gut anfreunden kann.

Das Bundesinformationsfreiheitsgesetz gilt nur für die Bundesbehörden. Die Landesinformationsfreiheitsgesetze gelten nicht nur für die Landesbehörden, sondern auch für die kommunale Ebene. Sie erfassen auch private Unternehmen, soweit sie öffentlich-rechtliche Aufgaben wahrnehmen.[8] Das Informationsfreiheitsgesetz beschränkt sich auf die Exekutive. Gerichte, Landtage und der Bundestag sind ausgenommen.

Für die Recherche ist entscheidend, dass man als Antragsteller selber wählen kann, in welcher Form man die Auskunft haben möchte. Das ist der qualitative Unterschied zu den Ansprüchen nach den Landespressegesetzen. Denn bei den Landespressegesetzen kann die Behörde entscheiden, wie sie reagiert. Die Anforderung ist nur, dass die Auskunft „sachgerecht" sein muss. Beim Informationsfreiheitsgesetz kann der Antragsteller entscheiden, ob er entweder – weil er vielleicht unter Termindruck recherchiert – eine schnelle mündliche Auskunft am Telefon haben möchte oder ob er Akteneinsicht nehmen will. Akteneinsicht bedeutet, dass man in die Behörde geht und selbst in die Unterlagen schaut. Alternativ kann man auch Kopien oder elektronische Daten beantragen. Dem Antragsteller steht es frei, in welcher Form er die Daten haben möchte, zum Beispiel als Excel-Tabelle oder als Word-Dokument. Die Behörde ist an diese beantragte Form gebunden, es sei denn, es gibt wichtige Gründe davon abzuweichen wie zu hoher Aufwand. Das kann man sich vorstellen, wenn man gerne alles digital haben möchte, die Daten aber nur im klassischen Ordner im Regal stehen. In einem solchen Fall kann man als Antragsteller nicht von der Behörde verlangen, die Akten einzuscannen.

Außerdem geht mit dem Informationsfreiheitsgesetz einher, dass die Behörden verpflichtet sind, Aktenpläne öffentlich zugänglich zu machen. Die Bundesbehörden machen das zum Beispiel auf ihren Homepages. Und wenn es nicht sowieso auf der Website steht, kann man die Aktenpläne auch anfordern. Ich habe mal die 148 Seiten Aktenplan des Bundesministeriums für Ernährung, Landwirtschaft und Verbraucherschutz durchgesehen, ob da etwas Interessantes für Journalisten oder Nichtregierungsorganisationen zu finden ist. Unter dem Punkt Krisenmanagement habe ich dann Akten mit dem Titel „Lasalocid in Lebens- und Futtermitteln" entdeckt. Hinter diesem sperrigen Titel verbarg sich ein Skandal, der bis dahin noch unterhalb der Wahrnehmungsschwelle der Öffentlichkeit lag. Es ging um die Verwen-

[8] Siehe unten, S. 117 ff.

dung von Antibiotika in der Hähnchenmast, die aber nur bei Legehennen zugelassen waren. Ich bin nur über die Auseinandersetzung mit der Aktenbenennung auf dieses Thema gestoßen. Auch so kann man als Journalist gelegentlich auf Themenideen kommen. Die Ämter haben aber etwas dazugelernt und formulieren ihre Aktenbezeichnungen inzwischen so allgemein, dass sie dem Laien nichts mehr sagen. Aber selbst dann hilft es ja immer noch, wenn man weiß, wie die Behörde intern organisiert ist, wie die Akten geführt werden und was davon journalistisch interessant sein kann.

Einschränkungen der Auskunftspflicht

Leider gibt es im Informationsfreiheitsgesetz eine lange Liste von Ausnahmegründen, wann etwas nicht freigegeben bzw. veröffentlicht werden darf. Und es sind auch die üblichen Gründe, die Journalisten den Zugang zu Akten erschweren. Zum Beispiel dürfen die internationalen Beziehungen durch die Veröffentlichung der Information nicht belastet werden und auch militärische oder sonstige sicherheitsempfindliche Belange der Bundeswehr sind ausgeklammert. Ursprünglich wollte das Verteidigungsministerium im parlamentarischen Beratungsprozess sogar eine komplette Bereichsausnahme. Das konnten sie zum Glück nicht durchsetzen. Ärgerlicher ist da schon die komplette Bereichsausnahme für die Nachrichtendienste. Der BND ist aus dieser Auskunftsverpflichtung komplett ausgenommen. Natürlich gibt es im Gesetz auch die üblichen Klauseln zum Schutz privater Interessen, also personenbezogener Datenschutz oder auch der Schutz von Betriebs- oder Geschäftsgeheimnissen. Das sind im Übrigen leider sehr beliebte Ablehnungsgründe der Behörden.

Bearbeitungsfristen

Die Bearbeitungsfristen für Auskunftsansprüche sind für Journalisten ärgerlich und sie führen dazu, dass die Informationsfreiheitsgesetze eher angewendet werden können, wenn man ohne konkrete Zeitvorgabe recherchiert. Im Berliner Landesgesetz zum Beispiel heißt es, dass die Anfragen „unverzüglich" bearbeitet werden müssen. Da könnte man als juristischer Laie denken, dass das so viel wie „sofort" heißt. Aber weit gefehlt, die Juristen verstehen darunter, dass die Anfrage „ohne schuldhaftes Zögern" bearbeitet wird.

Eine gute deutsche Behörde kann aber viele Wochen und Monate arbeiten, ohne einen Tag schuldhaft zu zögern. Schleswig-Holstein hat diesen Punkt besser geregelt: Dort steht eine Frist im Gesetz. Die Anfrage muss „unverzüglich, spätestens innerhalb eines Monats" bearbeitet werden. Beim Bundesgesetz ist es leider nur eine unverbindliche Soll-Empfehlung geworden: Die Bearbeitung der Anfrage „soll innerhalb eines Monats erfolgen". Wenn aber zum Beispiel Dritte befragt werden müssen, kann die Behörde die Bearbeitungsfrist auch auf zwei Monate verlängern.

Kosten von Auskünften

Ebenfalls ärgerlich für Journalisten ist, dass für Auskünfte Kosten berechnet werden können. Denn nur die einfachen Auskünfte, seien es mündliche oder schriftliche, sind gebührenfrei. Schon die Akteneinsicht bei einer Behörde ist mit einer Art Praxisgebühr für Akteneinsicht belegt. Unabhängig von der Anzahl an Dokumenten, die man einsehen will – selbst wenn es nur zwei Seiten sind – sieht das Bundesgesetz hier mindestens 15 und maximal 500 Euro vor. Allein für die Herausgabe von Kopien können zwischen 15 und 125 Euro abgerechnet werden. Es hilft, das Gesetz und die Gebührenordnung genau zu studieren. Denn es gibt einen Passus, der eine Gebührenbefreiung aus Gründen des öffentlichen Interesses vorsieht. Man kann argumentieren, dass Journalismus immer im öffentlichen Interesse stattfindet, und sich im Zweifelsfall auf diese Klausel der Gebührenordnung berufen.

Das Umweltinformationsgesetz (UIG)

Das Umweltinformationsgesetz ist so etwas wie ein bereichsspezifisches Informationsfreiheitsgesetz. Auch wenn es das Umweltinformationsgesetz schon seit 1994 gibt, so ist es den Journalisten und der breiten Öffentlichkeit eher unbekannt. Das Gesetz erstreckt sich auf alles, was im weitesten Sinne mit Umweltbelangen zu tun hat. Es ist aber nicht nötig, dass die Behörde, von der man gerne eine Auskunft bekommen möchte, den Umweltbegriff im Namen trägt. So fallen zum Beispiel auch Straßenbauämter unter die auskunftsverpflichteten Behörden nach dem Umweltinformationsgesetz, weil ihre Tätigkeit die Umwelt beeinflusst. Auch bei dem Umweltinformationsgesetz handelt es sich um ein „Jedermannsrecht", auf das sich jeder Bürger berufen kann.

Welche Informationen man bekommen kann, wenn man sich auf das Umweltinformationsgesetz beruft, möchte ich anhand eines Beispiels aus meiner beruflichen Praxis verdeutlichen: Greenpeace hat vor einiger Zeit aufgedeckt, dass sogenannte Piratenfischer regelmäßig im Hafen von Rostock überwintern. Piratenfischer nennt man Schiffe ohne Fanglizenz, die auf einer schwarzen Liste der Europäischen Union stehen und daher eigentlich keinen Hafen der EU anlaufen dürfen. Greenpeace hat dann öffentlich gemacht, was in Mecklenburg-Vorpommern passiert. Anscheinend sieht man diese Schiffe dort eher als positiven Wirtschaftsfaktor. Diese Geschichte ging auch durch die Massenmedien. Wir haben dann später beim Bundesumweltministerium Akteneinsicht genommen, unter Berufung auf das Umweltinformationsgesetz. Wir wollten gerne sehen, welche

Akten die Behörde zu diesem Vorfall hat. Dabei sind wir über eine Interviewanfrage von Frontal 21 gestolpert, die mit entsprechenden Aktennotizen versehen worden ist: „Kann Lindemann das machen? Der war mit dem Fall befasst ... Wann ist das Interview? ... So ein Mistthema, was soll ich sagen? ... 17 Uhr, wenn möglich Lindemann, weil ich weg muss, aber drei Sätze kann ich sagen." Das ist jetzt zwar nicht sonderlich brisant, aber man kann daran sehen, dass Journalisten an diese Dinge herankommen, die man normalerweise nicht zu sehen bekommt.

Ein anderes Beispiel aus der Arbeit bei Greenpeace, das die Vorzüge des Auskunftsanspruchs nach dem Umweltinformationsgesetz verdeutlicht, betrifft die Atomkraftwerke: Einige erinnern sich vielleicht noch an die diversen Störfälle im AKW Brunsbüttel. Ein besonders gravierender Störfall war die Explosion eines Rohrs in der Nähe des Reaktordruckbehälters im Jahr 2001. Das Brisante an dem Vorfall war, dass zwei Monate lang die Tragweite des Störfalls nicht bekannt geworden ist. Die Aufsichtsbehörde hat nach dem Unfall eine Kontrolle angeordnet und festgestellt, dass der Vorfall wesentlich schwerwiegender war, als es der Kraftwerksbetreiber zunächst gemeldet hatte. Nach der Kontrolle ging das AKW sofort vom Netz und es entstand ein interessanter Streit darum, wer zu welchem Zeitpunkt was gewusst hat. Der Kraftwerksbetreiber hat behauptet, die Behörde habe genau Bescheid gewusst und das AKW nur am Netz gelassen, um die Stromversorgung von Hamburg nicht zu gefährden. Die Aufsichtsbehörde hat dagegen argumentiert, sie sei über die wahre Tragweite getäuscht worden. Nun schlug die Stunde der Akteneinsicht, um zu sehen, wer zu welchem Zeitpunkt was gemeldet hat oder wie darauf reagiert wurde. Unter Berufung auf das Umweltinformationsgesetz hat die Behörde meiner Anfrage sogar relativ schnell stattgegeben. Aber hier greift ein für Journalisten sehr ärgerlicher Faktor: die Drittbetroffenheit. Der Kraftwerksbetreiber als Drittbetroffener wollte natürlich nicht, dass gewissermaßen der Teufel, nämlich Greenpeace, diese Akten einsehen darf und hat Rechtsanwälte mobilisiert, damit das nicht passiert. Zunächst haben sie argumentiert, dass gar keine Radioaktivität in die Umwelt entwichen sei. Wenn überhaupt Radioaktivität ausgetreten sei, müsse sie im Reaktordruckbehälter geblieben sein. Das Umweltinformationsgesetz greife hier also gar nicht.

Diese Argumentation trägt natürlich nicht weit. Daraufhin haben die Anwälte argumentiert, vielleicht greife ja theoretisch das Umweltinformationsgesetz, aber nach dem 11. September sei alles anders. Denn seitdem seien Atomkraftwerke besonders anschlagsgefährdet. Und außerdem seien Terroristen besonders im akademischen Milieu zu finden, aus dem Greenpeace seine Unterstützer rekrutiere. Also dürfe nach dem Umweltin-

formationsgesetz nichts an Greenpeace herausgegeben werden.
Das war ganz klar eine Verzögerungstaktik. Man muss da als Antragsteller manchmal einen gewissen sportlichen Ehrgeiz entwickeln. Ich habe dem Gericht schlicht zurückgeschrieben, nach dieser bestechenden Argumentation müsse man ja allen Einwohnern von Hamburg-Harburg die Akteneinsicht verweigern, weil da bekanntermaßen besonders viele Terroristen wohnten. Oder – viel zwingender – Akademikern grundsätzlich keine Akteneinsicht mehr gewähren. Allein dieser Austausch von Schriftsätzen verursacht besonders viel Arbeit und kostet Zeit. Am Ende ging es bis vor das Bundesverwaltungsgericht in Leipzig, und Greenpeace hat Recht bekommen. Damit ist eindeutig klargestellt, dass bei Störfällen im AKW das Umweltinformationsgesetz greift und sich der Betreiber nicht auf den Schutz von Betriebs- oder Geschäftsgeheimnissen berufen kann.

Das Beispiel verdeutlicht zugleich, dass manchmal allein aus dem Streit um Akteneinsicht auch eine journalistische Geschichte werden kann. Als sich diese unkonventionelle Argumentation des Betreibers abzeichnete, habe ich die ganze Geschichte an den „Spiegel" gegeben, der über die absurden Argumente des AKW-Betreibers geschrieben hat.

Auch ein weiteres Beispiel aus dem Umweltbereich verdeutlicht, dass sich Akteneinsicht lohnt: Im vergangenen Jahr hat die Frankfurter Rundschau unter Berufung auf das Umweltinformationsgesetz in den Gorleben-Akten recherchiert und festgestellt, dass das Schlussgutachten der Wissenschaftler zur Standortsuche in zwei Versionen existiert: Eine mit der Empfehlung, nach Alternativstandorten zu Gorleben zu suchen, und eine zweite, in der diese Empfehlung gestrichen wurde. Es stellt sich die Frage, was in der Zwischenzeit passiert ist. Diverse Politiker sind nach Gorleben gereist und haben Druck auf die Wissenschaftler ausgeübt. Die Endformulierung wurde aus politischen Gründen abgewandelt. Es befanden sich aber beide Versionen in den Akten, die genau diese Unstimmigkeit belegen. Und wenn man diese Unstimmigkeit beweisen kann, ist das natürlich viel überzeugender als nur ein Bericht auf Basis eines Gerüchts.

An dieser Stelle noch ein kleiner Nachtrag zu Gorleben: Greenpeace wertet seit einigen Monaten intensiv die Akten zu Gorleben aus. Wir sichten da mehr als 10.000 Seiten und kommen dabei zu interessanten Ergebnissen: Für die Standortsuche Gorleben hat zum Beispiel ein Gutachten des TÜV Hannover eine ganz entscheidende Rolle gespielt. Eine spannende Entdeckung in den Akten war, dass es eine Liste gibt, die die Standorte vergleicht. Und diese Liste gibt es in mehreren Versionen. Die erste Version war der ursprüngliche Endbericht des TÜV Hannover. In dieser Liste kommt Gorleben

gar nicht vor. Da ist ein Ort in Schleswig-Holstein nach allen angelegten Kriterien als der beste Standort klassifiziert worden. Und in anderen Akten stellt man dann fest, dass es dieses Gutachten noch einmal gibt. Allerdings mit einer handschriftlichen Ergänzung. Und niemand weiß, vom wem sie stammt. In der letzten Spalte ist Gorleben einfach hinzugefügt worden.
Das sind interessante Informationen, die man nur durch die Akteneinsicht herausfinden kann. Vertraulichkeit spielte in diesem Fall keine Rolle mehr, weil die Akten mehr als 30 Jahre alt sind. Und das ist auch der Grund, warum Greenpeace zum jetzigen Zeitpunkt Akteneinsicht nimmt. Vieles, was als vertraulich gestempelt wurde, ist heute zugänglich. Im Übrigen hat da natürlich eine sehr intensive Prüfung der Akten stattgefunden, denn es müssen immer persönliche Daten geschwärzt werden.

Eine Erfahrung aus der Praxis ist aber, dass das bei der Fülle von Akten nie umfassend und komplett gemacht werden kann. Immer wieder rutscht auch der Behörde etwas durch.

Die Gorleben-Akten sind nur ein Beispiel dafür, dass es sich lohnt, in die Akten zu schauen. Man kann dabei spannende Entdeckungen machen, die sonst sicher verborgen bleiben. Trotzdem erfordert es natürlich einiges an Elan und Durchsetzungswillen. Schon allein der eine Monat Regelantwortfrist macht klar, dass es für eine tagesaktuelle Recherche nicht funktioniert. Das können nur Journalisten machen, die selber festlegen können, wann ihre Deadline ist oder die eine Hintergrundrecherche betreiben.

Das IFG oder das UIG anwenden?

Generell muss man sagen, dass das Umweltinformationsgesetz die stärkere Waffe des Journalisten ist, wenn er Auskunftsansprüche durchsetzen möchte. Das liegt daran, dass das Umweltinformationsgesetz auf eine EU-Richtlinie von 1990 zurückgeht, die weiter als das Informationsfreiheitsgesetz reicht. Das Umweltinformationsgesetz hat daher bessere Anspruchsvoraussetzungen, zum Beispiel bei den Betriebs- und Geschäftsgeheimnissen, die schnell zu einem Streitpunkt werden können. Im Informationsfreiheitsgesetz gibt es keine Abwägungsklausel mit den Interessen der Öffentlichkeit. Das Umweltinformationsgesetz hingegen hat diese Abwägungsklausel. Das bedeutet, die Behörde kann zu dem Ergebnis kommen, dass zwar ein Betriebs- und Geschäftsgeheimnis vorliegt, gleichwohl aber ein überwiegendes Interesse an dieser Information besteht und sie somit veröffentlicht werden darf. Und das ist nach dem Informationsfreiheitsgesetz so nicht möglich.

Auch wenn es noch viele Beispiele dafür gibt, dass das Umweltinformationsgesetz weiter reicht als das Informationsfreiheitsgesetz, sollte man sich im Zweifelsfall immer auf beide

Gesetze berufen. Die Behörde muss dann die Gesetzesgrundlage anwenden, die für den Antragsteller am vorteilhaftesten ist. Also rein strategisch schadet es nicht, sich bei einem Antrag auf beide Grundlagen zu stützen.

Beispiel: Agrarsubventionen in Deutschland

An dieser Stelle soll ein Beispiel aus der praktischen Arbeit verdeutlichen, dass es sich manchmal lohnt, über die Grenzen zu schauen. In unseren Nachbarländern gehen die Informationsfreiheitsgesetze oft weiter und können auch von deutschen Journalisten genutzt werden. Dänische Kollegen haben 2004 durchgesetzt, dass sämtliche Empfänger von Agrarsubventionen veröffentlicht werden müssen. Unter Berufung auf das dänische Informationsfreiheitsgesetz haben sie eine Datenbank ins Internet gestellt, mit der man prüfen kann, wer Agrarsubventionen bekommen hat und wie hoch sie waren. Damit lassen sich natürlich interessante journalistische Recherchen machen. Ich habe zum Beispiel geschaut, was eigentlich die Familie von Frau Fischer-Boel bekommen hat, die lange Zeit in Brüssel EU-Agrarkommissarin war und die aus Dänemark stammt. Und man findet in der Datenbank, dass auch ihr Mann Hans von der Politik seiner Ehefrau profitiert hat. Das ist ja nicht verboten, aber für Journalisten durchaus interessant.
In Deutschland dagegen waren die Empfänger von Agrarsubventionen immer nur auf der Strukturebene bekannt. Es war klar: Von dieser Agrarförderungspolitik profitieren die Großen. Aber das allein ist noch keine gute Geschichte. Zu erfahren, wer diese Großen sind und wie viel sie genau bekommen, das wäre die gute Geschichte. Schließlich wurde dann klar, dass aufgrund des politischen Drucks die Empfänger veröffentlicht werden sollen. Deutschland hatte sich lange gesperrt, musste sich dann aber dem EU-Willen anpassen. Es wurde nur leider entschieden, die Daten erst nach der EU-Agrarreform zu veröffentlichen. In diesem Punkt waren unsere Nachbarländer wesentlich fortschrittlicher. Die Briten wussten genau, wie viel Geld etwa Prinz Charles aus dem Topf der Agrarsubventionen bekommt. Über ihn und andere führende Landwirte Großbritanniens wurde dann auch auf den Titelseiten der Zeitungen berichtet. So erfuhr man über den Duke of Northumberland oder den Duke of Westminster, wieviele Agrargelder jeweils ausbezahlt worden waren.

Das hat mich inspiriert und ich habe mir gedacht: Das will ich auch für Deutschland. Ich habe dann einen Antrag unter Berufung auf das Informationsfreiheitsgesetz gestellt. Das macht man am besten im größten Bundesland, in Nordrhein-Westfalen. Dort gibt es nämlich auch ein relativ fortschrittliches Landesinformationsfreiheitsgesetz.

Das lief natürlich so ab, wie es zu erwarten war: Die Behörde hat erst mal gesagt, das ginge überhaupt nicht. Und dann befindet man sich in einer Art Verhandlungssituation. Ich wollte wissen, warum ich die Informationen nicht bekomme. Das zentrale Argument der Behörde war der Hinweis auf den Schutz der personenbezogenen Daten in den Akten. Nach so einer Absage muss man sich die verbleibenden Optionen überlegen. Meine Option war: Ich verzichte auf alle personenbezogenen Daten und möchte nur die Daten über AGs, GmbHs oder GbRs bekommen, denn in diesen Fällen kann die Behörde den Schutz personenbezogener Daten nicht mehr ins Feld führen. Schlimmstenfalls kann man sich dann noch darüber streiten, ob die Firmeninformationen als Betriebs- und Geschäftsgeheimnisse geschützt sind.

Agrarförderung NRW:

Aus dieser Liste ergibt sich eine Fülle von journalistischen Themen. Wenn man sich anschaut, dass die RWE Power AG ungefähr eine halbe Million Euro aus dem EU-Agrarfonds erhält, fragt man sich: Wofür braucht ein Energiekonzern mit zirka fünf Milliarden Euro Reingewinn im Energiesektor auch noch Geld aus dem Agrarfonds? Das ist zwar legal, aber es bleibt die Frage, ob das eine richtige Mittelverwendung ist.

Natürlich ist es auch aus journalistischer Sicht reizvoll, die Lücken in der Liste zu schließen. Bocholt und Meschede sind nicht gerade Metropolen. Schon die einfachste Google-Suche mit der Kombination aus Postleitzahlen und dem Begriff Landwirtschaft führt

Name/Betrieb	Straße	PLZ	Ort	Gesamt-beihilfe
Landgard Obst & Gemüse GmbH & Co. K	Raiffeisenstr. 10	53332	Bornheim	3.770.810,73
Campina GmbH & Co. KG	Geldernstraße 35	50739	Köln	2.439.106,45
		46395	Bocholt	929.610,70
		59872	Meschede	745.407,34
Humana	Münsterstr. 31	48351	Everswinkel	699.464,33
Landwirtschaftskammer NRW	Nevinghoff 40	48147	Münster	480.854,68
RWE Power AG, Rekultivierung Landwi	Friedrich-Ebert-Str. 104	50374	Erftstadt	472.314,97
Stadt Euskirchen	Kölner Str. 75	53879	Euskirchen	456.602,24
		52459	Inden	337.012,93
		52538	Gangelt	336.739,40
NRW, Landwirtschaftskammer	Endenicher Allee 60	53115	Bonn	322.342,50
DENKAVIT, Futtermittel GmbH	Katzheide 4	48231	Warendorf	298.136,01
Leyen - Nesselrode GbR	Schloß Langwaden 2	41516	Grevenbroich	263.985,60
Hans Brocker KG	Im Fließ 14	47877	Willich	251.037,15
TG Langenhorst-Temming	Esking 5	48727	Billerbeck	249.031,50
Metternich-Ratibor-Corvey KG	Schloß Corvey 4	37671	Höxter	245.971,67
Unilever Deutschland GmbH	Aeckern 1	48734	Reken	243.665,57

Quelle: Greenpeace; vgl. http://www.greenpeace.de/fileadmin/gpd/user_upload/themen/landwirtschaft/AgrarsubventionenNRW_korr.pdf zum richtigen Ergebnis. Es ist dann auch so, wie es sich „Klein-Erna“ vorstellt: Der größte private Bezieher von Agrarsubventionen in Nordrhein-Westfalen ist der Graf von Westfalen.

Die Behörde ist gehalten, die Informationen, die nicht unter den Ausnahmegrund fallen, auch zu veröffentlichen. In diesem Fall wurde der Name zurück gehalten, aber die Postleitzahl wurde nicht zu den Daten gezählt, die geschützt werden müssen.

Zwischenfrage: Wie lange hat es gedauert, bis Sie die Informationen bekommen haben?

Das ganze Verfahren hat zwei Jahre gedauert. So ein Streit kann sehr lange dauern, weil man unter Umständen allein weit über ein Jahr auf den ersten Verhandlungstermin warten muss.

Zwischenfrage: Die Tabelle liefert ja nur einen starken Verdacht, dass der Subventionsempfänger der Graf von Westfalen ist. Wie haben Sie das verifiziert?

So wie Journalisten das immer machen sollten: durch Anfrage bei dem Betroffenen. Es gab einen klaren Hinweis darauf, dass der Graf der Bezieher ist. Im Zweifelsfall fragt man den Empfänger einfach. Das ist für eine journalistische Berichterstattung Grundvoraussetzung. Der „Stern“ hat darüber eine Geschichte gebracht und die Autoren haben mit den Empfängern gesprochen. Die Landwirte haben dann erklärt, wofür sie das Geld einsetzen und warum sie es aus ihrer Sicht auch brauchen.

Zwischenfrage: Aber konnte man nicht die Behörde nach einer Bestätigung fragen?

Nein, das Ministerium hätte auch juristische Probleme bekommen, wenn es diese Information herausgegeben hätte. Im Übrigen war es natürlich totaler Zufall, welche Informationen ich genau bekommen habe und welche nicht. Das entschied sich auch an der Frage, wie die Empfänger den Antrag auf Subventionen gestellt haben. Manche haben es unter ihrem Privatnamen gemacht, andere unter dem Namen der Firma.
Aus dieser Liste ergaben sich auch noch viele andere schöne Fälle. So der Fall des Gutes Schlenderhan in der Nähe von Köln. Die Eigentümerin Karin von Ullmann gehört nach der Forbes-Liste zu den reichsten Deutschen. Es stellt sich die Frage, ob die Reichsten der Bundesrepublik auch noch Agrarsubventionen beziehen sollten. Die genaue Untersuchung der Liste war dann journalistische Detailarbeit.

Beispiel: Exportsubventionen

Ich will abschließend noch einen zweiten Fall zu diesem Komplex der Agrarsubventionen darstellen. Und zwar habe ich mich noch separat mit einer relativ unbekannten Behörde gestritten. Das Hauptzollamt Hamburg-Jonas ist eine Unterabteilung des Bundesfinanzministeriums. Von dieser Behörde wollte ich die 50 größten Empfänger von Exportsubventionen erfahren. Bei den Agrarsubventionen gibt es drei Sorten von Subventionen: Direktzahlungen an die Landwirte, Lagerungsbeihilfen und Zuzahlungen bei Exporten ins Ausland.

Bei den Exportsubventionen geht es dann nur noch um Firmen und hohe Millionensummen, deswegen fand ich das sehr interessant. Das Amt hat den Antrag erst mal abgelehnt und das mit drei Gründen unterstrichen: zu viel Aufwand, Schutz personenbezogener Daten und Schutz von Betriebs- und Geschäftsgeheimnissen.
Da muss man dann wiederum im Detail nacharbeiten. Ein Blick ins Gesetz zeigt zunächst, dass Aufwand gar ist kein Ablehnungsgrund ist. Damit war dieses Argument schon entkräftet. Weiter habe ich gesagt, dass ich auf personenbezogene Daten verzichten kann, weil ich von der Hypothese ausging, dass es sich bei den großen Empfängern ohnehin nur um Firmen handelt. Und dann mussten wir uns noch um die Betriebs- und Geschäftsgeheimnisse streiten. Da habe ich argumentiert, es gebe keinen Wettbewerb um Subventionen. Es gibt bestimmte Anspruchsvoraussetzungen, die erfüllt man oder eben nicht. Es geht nicht um den schnellsten oder den kreativsten Antrag.

Das Ganze ging dann auch vor Gericht. Weil ich auf eine Verhandlung vorbereitet war, hatte ich den Antrag bewusst gestaffelt formuliert. Das ist auch eine Empfehlung für die Praxis: Man sollte den Antrag so stellen, dass es Kategorien gibt, zu denen man auf jeden Fall eine Antwort bekommt. Zum Beispiel hatte ich die 50 größten Empfänger mit Fördersumme und Namen beantragt, aber gleichzeitig auch für alle Subventionsempfänger anonymisierte Daten. Deswegen konnten sie den Antrag auf anonymisierte Daten gar nicht ablehnen. Dann bekam ich diese Liste mit der Information, Empfänger Nummer eins hat im Jahr 2005 stolze 81 Millionen Euro Agrarsubventionen erhalten, Empfänger Nummer zwei rund 60 Millionen – und für Empfänger Nummer 548 gab es immerhin noch neun Euro und sieben Cent.

An diesem Punkt stellt sich die Frage, was man mit dieser Liste anfangen kann und ob sie überhaupt journalistisch relevant ist. Und relevant war die Liste in jedem Fall, denn man konnte sehr schön berechnen, dass schon die „Top Ten“ der Empfänger 60 Prozent der gesamten Subventionen erhalten. Und die ersten 50 erhalten gar 90 Prozent der Gesamtsubventionen. Das war auch ein gutes Argument vor dem Verwaltungsgericht in Hamburg. Denn das Argument der Gegenseite, Empfänger Nummer zwei dürfe nicht wissen, wer denn Empfänger Nummer eins ist, weil sich die Firmen ihre Absatzmärkte streitig machen könnten, war damit nicht mehr viel wert. Da bin ich dann mit meiner Tabelle aufgetreten und habe gesagt, hier handele es sich um einen hochkonzentrierten Markt, in dem es völlig lebensfremd sei, dass sie sich nicht sowieso kennen. Und dem ist das Gericht auch gefolgt.

Im Übrigen kann man auch die Gerichtsverhandlung nutzen, um von bei der Gegenseite weitere Informationen zu bekommen. Ich habe sie dann unter Legitimationsdruck gesetzt und wollte wissen, worin denn das Betriebs- und Geschäftsgeheimnis genau bestehen soll. Merkmal des Betriebs- und Geschäftsgeheimnisses ist: Es muss einen wirtschaftlichen Grund für die Geheimhaltung geben. Die Gegenseite argumentierte, wenn die Subventionshöhe bekannt würde, hätte das Auswirkungen auf die Preisgestaltung.
In klarem Deutsch: Die Firmen wollen nicht, dass die Zahlungen öffentlich werden, weil dann der Preis, den der Käufer momentan zahlen muss, nicht mehr zu erzielen ist. Denn der Käufer würde dann ja merken, dass 95 Prozent der Kosten schon über die Subventionen refinanziert sind. Überspitzt formuliert bedeutet dass, die Firmen wollten die Geheimhaltung bestehen lassen, um ihre Geschäftspartner weiterhin über den Tisch ziehen zu können.

Diese Geschichte ist dann bei der Süddeutschen Zeitung erschienen, aber auch die taz hat dazu auf drei Seiten berichtet. Häufig waren es Hersteller von Süßwaren, die von den Zuckersubventionen profitiert haben. Wenig später gab es eine Razzia bei der Firma auf Position zwei der Liste, die 60 Millionen Euro an Subventionen – zum Großteil Zuckersubventionen – kassierte. Die Zuckersubvention wurde im Wesentlichen installiert, um den europäischen Rübenzuckermarkt zu schützen. Rohrzucker ist auf dem Weltmarkt immer günstiger als europäischer Rübenzucker, deswegen gibt es diese Subvention. Die Firma, gegen die ermittelt wurde, hat Rohrzucker auf dem Weltmarkt gekauft, diesen mit einer Prise Rübenzucker vermischt und das Produkt dann als 100-prozentigen europäischen Rübenzucker wieder exportiert. Dafür hat die Firma eine große Menge Subventionen kassiert. Dieser Betrug ist erst aufgefallen, als die Zahlen veröffentlicht wurden. Die bezogene Subventionssumme war so gigantisch, dass die Lagerkapazitäten der Firma für die angegebene Menge Zucker gar nicht ausgereicht hätten. Diese Geschichte ist ein gutes Argument für Transparenz, weil sie beweist, dass dadurch Korruption erschwert wird.

Praktische Tipps zur Akteneinsicht

Abschließend noch ein paar Tipps zur Akteneinsicht: Wenn man Akten einsehen kann, erfährt man mehr als eine Pressestelle freiwillig preisgeben will. Man kann auch auf große Mengen elektronischer Daten zugreifen. Theoretisch könnte man das Recht der Akteneinsicht auch verdeckt unter seinem Privatnamen wahrnehmen. Man muss sich nicht wie nach dem Pressegesetz als recherchierender Journalist zu erkennen geben.
Häufig ist es bei Presseanfragen auch ein Totschlagargument, dass perso-

nenbezogene Daten in den Akten sind. Nach der gesetzlichen Grundlage gibt es aber eine Anhörungspflicht. Das heißt, die Behörde muss die betroffenen Personen fragen, ob sie mit der Veröffentlichung der Daten einverstanden sind. Und es sind ja viele Fälle denkbar, in denen die Betroffenen das gleiche Interesse wie der Journalist haben.

Recherchen von Bürgern können dadurch auch zu einem Thema werden. Ein Beispiel aus NRW: Der Bürgermeister von Dormagen wollte nicht preisgeben, was seine neue Amtskette gekostet hat und wer diese bezahlt hatte. Die Sponsoren und die Kosten von 5.200 Euro wurden unter Verschluss gehalten. Ein Dormagener Bürger hat unter Berufung auf das Informationsfreiheitsgesetz erfolgreich Akteneinsicht genommen. Dabei hat er festgestellt, dass die Sponsoren die beiden größten Banken in Dormagen und der Bayer-Konzern waren. Diese Recherche hätte auch jeder Lokaljournalist machen können.

Ein anderer Tipp: Die Informationsfreiheitsbeauftragten der Länder und auch Peter Schaar beim Bund sind Ombudsleute. Der Datenschutzbeauftragte ist gleichzeitig für die Informationsfreiheitsgesetze zuständig und macht in dieser Funktion auch Rechtsberatung und vermittelt bei Konflikten. Das kann sinnvoll sein, weil dann nicht mehr ein „nerviger Journalist“ vor der Behördentür steht, sondern ein Gespräch zwischen zwei Behörden stattfindet. Das ist manchmal ein stärkerer Hebel, um an Informationen zu kommen.
Ein weiterer Tipp für die Akteneinsicht: Ich würde die Anfrage an die Behörde nicht sofort formalisieren. Wenn man gleich mit einem förmlichen Antrag erscheint, laufen die üblichen Fristen an und diese sind wie erwähnt ziemlich lang. Ich würde eher versuchen, unter Berufung auf diese Gesetze den Kooperationswillen zu erhöhen. Es kann helfen, an die Behörde zu appellieren, die Informationen unkompliziert zur Verfügung zu stellen.

Dazu ein konkretes Beispiel: Für einen Vortrag brauchte ich eine interne Untersuchung über die Nutzung des Informationsfreiheitsgesetzes in Nordrhein-Westfalen. Ich wusste zunächst nur, dass es diese Studie gibt. Und als ich dann anfragte, wurde mir mitgeteilt, die gebe es zwar tatsächlich, aber eine interne Behördenunterlage könne man mir nicht schicken. Dann habe ich argumentiert, dass ich mit einem formellen Antrag nach IFG diese Studie über das IFG natürlich auch bekommen würde. Aber diese Formalie macht mir Arbeit, es macht der Behörde Arbeit und das Ergebnis ist im Vorfeld schon klar. Dieses Argument hat die Behördenmitarbeiterin bewogen, nach fünf Minuten zurückzurufen und mir mitzuteilen, dass ich die Studie gleich per Mail bekomme. Also sollte man es erst mal „im Guten“ versuchen. Manchmal wollen sich die Behördenmitarbeiter auch erst absichern, damit sie keinen Ärger mit dem Chef bekommen und auf der sicheren Seite sind. Manchmal

macht man aber auch die Erfahrung, dass die Behörden diese neuen Grundlagen nach dem IFG gar nicht kennen. Gerade auf einer unteren behördlichen Ebene haben die Mitarbeiter oft vom Informationsfreiheitsgesetz oder gar von dem alten Umweltinformationsgesetz noch nie etwas gehört.
Es ist sinnvoll, im Vorfeld zu recherchieren, wohin der Antrag genau gerichtet werden soll. Denn der Ansprechpartner ist nicht die Pressestelle, sondern die Stelle, die die Akten führt. Und vielleicht ist es ratsam, zweistufig vorzugehen: Zunächst sollte man fragen, wie die Akten organisiert sind: Wer hat da was? Und in einem zweiten Schritt kann man dann gezielt einen Antrag stellen. Bei den Agrarsubventionen habe ich auch erst mal beim Bundesfinanzministerium, beim Wirtschaftsministerium und beim Landwirtschaftsministerium angefragt, wie denn die Subventionsempfänger erfasst sind und wo genau diese Unterlagen geführt werden.

In NRW gibt es übrigens eine Besonderheit des Gesetzes: Wenn man sich auf das Landesgesetz beruft, sind öffentlich-rechtliche Anstalten formal nicht antragsberechtigt. Da empfiehlt es sich, den Antrag unter dem Privatnamen zu stellen.
Bei den Bundesländern, die kein Informationsfreiheitsgesetz haben, sollte man versuchen, das Thema irgendwie mit Auswirkungen auf die Umwelt in Verbindung zu bringen. Dann kann auch ein Antrag auf Grundlage des Umweltinformationsgesetzes erfolgreich sein.
Den Antrag auf Informationen über die Agrarsubventionen habe ich auf Grundlage von UIG und IFG gestellt. Je nachdem was subventioniert wird, hat das auch einen Einfluss auf die Umwelt. Wenn sie Maisanbau fördern, verwandeln sich ganze Landstriche in Maisfelder. Das hat eine Umweltauswirkung. Auch die Zahlung einer Subvention das ist anerkannt kann unter das Umweltinformationsgesetz fallen, wenn es diese Auswirkungen gibt.

Zwischenfrage: Sind diese Gesetze für aktuell produzierende Journalisten aufgrund der langen Fristen überhaupt brauchbar?

Ja, ich habe die Geschichte des Stern-Kollegen vorgestellt, der das Sponsoring von Bundesministerien recherchiert hat. Der hatte keine Deadline, da er aus eigener Initiative einer interessanten Geschichte auf der Spur war. Auch bei den Agrarsubventionen gab es keinen Druck, das Thema innerhalb der nächsten Wochen zu veröffentlichen. Trotz der Dauer des Verfahrens von zwei Jahren hatte ich diese Informationen exklusiv. Man muss sich immer fragen, wo sich der Aufwand lohnt. Es gibt außerdem Fälle, in denen die Behördenmitarbeiter durchaus gewillt sind, Daten schnell freizugeben, wenn man denn einen juristischen Anspruch schlüssig begründen kann.
Dazu habe ich ein gutes Beispiel: Greenpeace hat 2009 in einem vor Sylt ausgewiesenem Schutzgebiet große Steine versenkt, weil dort trotz des

bestehenden Schutzes Grundschleppnetzfischerei stattfand, die sehr zerstörerisch ist. Für unsere Schutzaktion brauchten wir sehr genaue Karten des Gebietes. Da habe ich den Juristen des Amtes, der für dieses Gebiet verantwortlich ist, angerufen und mit ihm diskutiert: Was er mir geben würde, wenn ich auf Grundlage dieses oder jenen Gesetzes die Unterlagen einsehen möchte. Ich merkte schnell, dass das ein sehr sachlich gestimmter Fachjurist war. Er wollte nichts blockieren, er wollte nur nach dem Buchstaben des Gesetzes handeln. Er hat mir dann vorgeschlagen, wie ich den Antrag stellen müsste, damit ich die richtigen Unterlagen auch bekomme. Das war ein konstruktives und kooperatives Gespräch. Soetwas kann man auch erleben. Nicht jede Behörde will blockieren, manche wollen sich nur absichern, dass sie nichts Illegales tun. Mit dem Hinweis auf die Gesetzesgrundlage können die Journalisten so ein Verhalten auch fördern.

Vorteile von Gerichtsverfahren

Damit es in Zukunft für die Branche einfacher wird, an Informationen zu kommen, muss man als Journalist auch mal Grundsatzurteile erstreiten. Damit erfüllt man dann quasi eine politisch-pädagogische Aufgabe gegenüber der Verwaltung, indem man ihr zeigt, was Geist des Gesetzes ist. Auf diese Urteile können sich dann auch Kollegen berufen. Deswegen habe ich den Fall mit den Agrarsubventionen durchgefochten. Es leuchtet ja jedem ein, dass es merkwürdig ist, wenn jedes Jahr sechs Milliarden Euro verteilt werden – und keiner weiß, wer sie bekommt.

Diese Urteile sind sehr entscheidend, denn der Gesetzestext selbst ist sehr schwammig. Der umfangreichste Teil beschäftigt sich mit den Ausnahmeregelungen. Die sind aber so vage formuliert, dass letztlich nur durch Gerichtsentscheidungen genau festgezurrt werden kann, wie die Regelungen denn angewandt werden müssen. Und da sind gerade gut ausgestattete Medien wie große Verlagshäuser oder der öffentlich-rechtliche Rundfunk in einer gewissen Pflicht, durch die Instanzen zu gehen und diese Musterurteile zu erstreiten.

Weiterführende Informationen:
www.netzwerkrecherche.de Im Bereich „Projekte“– „Informationsfreiheitsgesetz“: Materialien und Infos, wie man das Gesetz nutzen kann, Links zu den Landesgesetzen und Informationen zu den Gebühren.
www.nachgehakt-online.de Broschüre zur Durchsetzung journalistischer Auskunftsansprüche; zusätzlich zur Orientierung: Briefe und Anträge an Behörden im Dokumententeil.
www.wobbing.eu Projekt mehrerer Journalistenorganisationen mit einer Übersicht zu Informationsrechten auf EU-Ebene: Links zu den jeweiligen nationalen Gesetzen und Übersicht zu interessanten Gerichtsentscheidungen sowie Veröffentlichungen zum Thema.

Udo Branahl: Das Pressegesetz: Wie setze ich meine Ansprüche im öffentlichen Interesse durch?

Dokumentiert von KATRIN SCHMIDT

Der medienrechtliche Auskunftsanspruch steht ausschließlich Vertretern der Presse und des Rundfunks zur Verfügung. Wer ihn geltend machen will, muss sich auf Verlangen der Behörde deshalb als Mitarbeiter eines Mediums legitimieren können. Dies kann durch den Presseausweis oder durch ein Legitimationsschreiben einer Redaktion geschehen. Wer in der Behörde als Journalist bekannt ist, benötigt keine zusätzliche Legitimation.

Der Auskunftsanspruch steht den Mitarbeitern von Printmedien, des Rundfunks und von Mediendienste mit journalistisch-redaktionell gestalteten Angeboten zu. In den meisten Bundesländern zählen auch Buchverlage zu den begünstigten Printmedien; in Bayern steht der Auskunftsanspruch jedoch ausschließlich den Mitarbeitern von Zeitungen und Zeitschriften zu.

Gegen wen richtet sich der Auskunftsanspruch

Der Auskunftspflicht unterliegen als „Behörden" im Sinne des Presserechts alle staatlichen Einrichtungen des Bundes, der Länder und der Gemeinden, unabhängig davon, ob sie Teil der Legislative, der Exekutive oder der Judikative sind. Diese umfassende Geltung unterscheidet den presserechtlichen Auskunftsanspruch von den Informationsrechten nach den Informationsfreiheitsgesetzen (IFG), den Umweltinformationsgesetzen (UIG) und dem Verbraucherinformationsgesetz (VIG), die nur gegenüber der Exekutive geltend gemacht werden können. So muss z. B. die Staatsanwaltschaft als Teil der Judikative Journalisten zwar nicht in die Akten sehen lassen, Medienanfragen aber wahrheitsgemäß beantworten.

Ein Beispiel: Ein Ministerium will zu legislativen Planungen keine Auskunft erteilen. Ob die Mitteilung, dass „das Ministerium sich zu diesem Thema nicht äußern wird", legitim ist oder nicht, hängt davon ab, ob das Ministerium seine Weigerung im konkreten Fall auf eine der gesetzlich geregelten Ausnahmen berufen kann oder nicht. Es gibt keine Generalausnahme von der Auskunftspflicht für Ministerien. Wenn es eine Anfrage nicht beantworten will, muss das Ministerium darlegen, warum es meint, in dieser Angelegenheit nicht zur Auskunft verpflichtet zu sein. Also: Auch dort, wo die Informationsfreiheitsgesetze nicht gelten, kann der Journalist immer noch seinen Auskunftsanspruch geltend machen.

Der Anspruch besteht darin, dass Journalisten der Behörde Fragen stellen dürfen und die Behörde diese Fragen beantworten muss. In welcher Form, entscheidet die Behörde: mündlich, schriftlich oder elektronisch. Ein Rechtsanspruch auf Gewährung eines Interviews ergibt sich aus dem Auskunftsanspruch nicht. Das ist für elektronische Medien natürlich von Nachteil, weil sie nicht die Möglichkeit haben, die Stellungnahme des Behördenleiters oder seines Pressesprechers in Bild oder Ton zu präsentieren, wenn der nicht will.

Auskunftsanspruch gegen Körperschaften und Anstalten des öffentlichen Rechts

Nicht nur staatsunmittelbare Einrichtungen sind auskunftspflichtig, sondern auch Körperschaften, Anstalten und Stiftungen des öffentlichen Rechts, soweit sie nicht selber Grundrechtsträger sind, wie zum Beispiel Universitäten und Rundfunkanstalten. Einen Auskunftsanspruch gegen Rundfunkanstalten in Programmangelegenheiten gibt es nicht, sehr wohl aber in Gebührenangelegenheiten. Rundfunkanstalten sind selber Träger der Medien- und Rundfunkfreiheit, und insoweit haben sie auch das Recht, Angelegenheiten der Programmplanung für sich zu behalten.

Auch Universitäten können sich gegenüber einem Auskunftsverlangen auf ihr Grundrecht der Freiheit von Wissenschaft, Forschung und Lehre berufen. Zu den Körperschaften des öffentlichen Rechts, die selbst Grundrechtsträger sind, gehören auch die großen christlichen Kirchen. Diese sind deshalb nicht auskunftspflichtig, soweit es um Glaubens- oder Kultusangelegenheiten geht; wenn es um die Einziehung von Kirchensteuer geht, hingegen sehr wohl.

Als Körperschaften des öffentlichen Rechts auskunftspflichtig sind auch die Kammern, wie Industrie- und Handelskammern, Handwerkskammern.

Auskunftsanspruch gegen Unternehmen

Grundsätzlich gibt es keinen Auskunftsanspruch gegen Unternehmen. Wenn sich diese Unternehmen jedoch in öffentlicher Hand befinden und eine entsprechende öffentliche Aufgabe wahrnehmen, dann sind sie auskunftspflichtig. Die Grundidee, die dahinter steckt, lautet: Der Staat darf sich der Auskunftspflicht nicht dadurch entziehen, dass er seine Aufgaben in privatrechtlicher Rechtsform erledigt. Soweit es um Daseinsvorsorge oder um beliehene Unternehmen geht oder soweit der Staat bestimmte Aufgaben auf privatrechtlich organisierte Unternehmen überträgt, sind diese Unternehmen selber auskunftspflichtig, wenn und so lange sie sich in staatlicher Hand, insbesondere überwiegend in staatlichem Eigentum befinden. Das gilt auch dann, wenn die Anteilsmehrheit auf mehrere Eigentümer verteilt ist, die sich ihrerseits mehrheitlich in staatlicher Hand befinden. Beispiele dafür bieten etwa Versorgungsbetriebe, die mehreren Städten und Landkreisen gemeinsam gehören.

So hat der Bundesgerichtshof z.B. die Auskunftspflicht einer GmbH bejaht, die Aufgaben der Energieversorgung wahrnimmt und an der mehrere kommunale Unternehmen beteiligt sind, die insgesamt die Mehrheit der Anteile halten (BGH III ZR 24/04 vom 10.2.2005).

Befindet sich ein Unternehmen in staatlicher Hand, spricht eine Vermutung dafür, dass es eine öffentliche Aufgabe wahrnimmt. So haben die Gerichte z.B. entschieden, dass der Betrieb von Parkhäusern durch eine Stadt zur Daseinsvorsorge gehört. Wenn also eine Stadt Parkhäuser betreibt, dann ist die Parkhaus-GmbH auskunftspflichtig.

Dasselbe gilt für Spielbanken, die sich ganz oder überwiegend in staatlichem Eigentum befinden. Denn deren Aufgabe besteht angeblich darin, die Spielsucht der Bevölkerung in Grenzen zu halten. Damit wird zumindest das staatliche Wettmonopol begründet.

Unternehmen mit Minderheitsbeteiligungen des Staats

Bei Unternehmen, an denen der Staat eine Minderheitsbeteiligung hält, ist die Frage zu stellen, ob dieses Unternehmen (noch) eine öffentliche Aufgabe erfüllt. Denn nur dann ist das Unternehmen auskunftspflichtig (funktioneller Behördenbegriff). Als öffentliche Aufgabe kommt die Daseinsvorsorge in Betracht. Als Daseinsvorsorge bezeichnet man die Aufgabe des Staates, Einrichtungen und Leistungen zur Verfügung zu stellen, die der Grundversorgung der Bevölkerung dienen und deren Bereitstellung nicht dem Markt überlassen werden kann oder soll. Prototypisch dafür sind die Verkehrs-, Kommunikations- und Versorgungsnetze als Teil der Infrastruktur. Welche Leistungen darüber hinaus zur Daseinsvorsorge gehören (sollen), ist Gegenstand politischer Entscheidungen.

So ist die überkommene Vorstellung, die Versorgung der Bevölkerung mit Elektrizität, Gas und Wasser sei Sache des Staates, ebenso ins Wanken geraten wie die Bewertung von Verkehrs- und Telekommunikationsleistungen.

Gut vertretbar scheint mir, den Betrieb der Netze für den Verkehr, die (Tele-) Kommunikation und die Versorgung mit Gas, Wasser und Elektrizität auch nach einer (Teil-)Privatisierung weiter als öffentliche Aufgabe zu bewerten, den Verkehr und die Versorgung selbst jedoch nur, soweit diese durch den

Staat bezuschusst werden, weil sie der Allgemeinheit von privaten Anbietern sonst nicht zu angemessenen Preisen zur Verfügung gestellt werden könnten.

Das hätte etwa zur Konsequenz, dass der Betrieb des Telefonnetzes trotz der Privatisierung der Telekom weiter als öffentliche Aufgabe zu bewerten wäre, nicht aber die Erbringung von Telekommunikationsleistungen. Ebenso blieben der Betrieb des Schienennetzes und der Personennahverkehr auch nach einer Privatisierung der Bahn öffentliche Aufgabe, nicht aber der Fernverkehr der Bahn oder anderer Anbieter.

Die Auskunftspflicht solcher privatisierten Unternehmen ist folgerichtig auf die Geschäftsfelder beschränkt, die weiterhin der Daseinsvorsorge zuzurechnen sind.

„Beliehene" Unternehmen

Unabhängig von den Eigentumsverhältnissen sind Unternehmen auskunftspflichtig, soweit ihnen der Staat Aufgaben der Hoheitsverwaltung übertragen hat. Das klassische Beispiel dafür bilden Unternehmen wie TÜV oder DEKRA, wenn sie über die Vergabe der Plakette entscheiden, die zum Betrieb eines KfZ erforderlich ist. Das Zuteilen dieser Plaketten ist eine hoheitliche Aufgabe, da durch sie eine befristete Betriebserlaubnis für ein bestimmtes Fahrzeug erteilt wird. Soweit TÜV oder DEKRA diese Aufgabe wahrnehmen, sind sie folglich auskunftspflichtig. Anders hingegen, wenn sie Gutachten erstellen, die mit staatlichen Genehmigungen unmittelbar Hand nichts zu tun haben – insoweit werden sie rein privatrechtlich tätig und sind deshalb insoweit auch nicht auskunftspflichtig.

Welche Auskünfte können verlangt werden

Die Behörde muss nur solche Fragen zu Angelegenheiten beantworten, für die sie selber zuständig ist oder mit denen sie amtlich befasst oder befasst gewesen ist. Das kann manchmal zu Schwierigkeiten führen. Beliebtes Spielchen im Bereich der Kriminalberichterstattung ist zum Beispiel das Hin- und Herschieben der Bälle zwischen Polizei und Staatsanwaltschaft. Hier geht es jeweils um die Frage, ob die Kriminalpolizei, die in einer bestimmten Sache noch ermittelt, die Auskunft geben muss oder sagen kann, die Staatsanwaltschaft sei als Herrin des Verfahrens der richtige Ansprechpartner. Das ist jedenfalls dann misslich, wenn der Staatsanwalt auf eine entsprechende Anfrage sagt: „Ich habe von der ganzen Sache noch nichts gehört, die ist noch bei der Kripo". Grundsätzlich muss jeder, der mit der Sache befasst ist oder befasst war, die entsprechenden Auskünfte erteilen.

Auskünfte gibt es nur zu Tatsachen. Auf Einstellungen, Wertungen oder kritische Anmerkungen des Pressesprechers gibt es keinen Rechtsanspruch. Er kann und darf dies machen, muss er aber nicht.

Form des Auskunftsverlangens

Für die Form des Auskunftsverlangens gibt es keine Rechtsvorschrift. Das heißt, grundsätzlich kann jeder Journalist selbst entscheiden, in welcher Form er anfragt. Oft ist es am einfachsten, die Auskunft telefonisch einzuholen. In kritischen Fällen, in denen später mit einem späteren Dementi zu rechnen ist, lohnt es sich, sich eine Auskunft, die man telefonisch bekommen hat, per Fax noch einmal bestätigen zu lassen. Damit hat man einen Beleg für das, was der Behördenvertreter gesagt hat.

Für den Fall, dass sich die Behörde weigert, die Auskunft zu geben, empfiehlt es sich, die Frage erneut schriftlich zu stellen, und zwar mit Fristsetzung. Verstreicht die Frist ohne Antwort, hat man einen Beleg für eine Auskunftsverweigerung, gegen die vorgegangen werden kann.

Auskunftsfrist

Das Setzen der Frist ist geboten, damit die Auskunft nicht verzögert werden kann. Klassisches Beispiel: Der Pressesprecher einer Behörde sagt: „Kann ich aus dem Bauch nicht sagen, muss ich mal nachfassen, ich melde mich wieder" – Er sagt aber nicht, wann und meldet sich nicht. In dem Fall sollte man ergänzen, dass man einen Rückruf bis zu einer bestimmten Uhrzeit erwartet, weil man bis dahin die Information braucht, um weiterarbeiten zu können. Daraufhin müsste der Pressesprecher gegebenenfalls erläutern, warum er es bis zu diesem Termin nicht schaffen kann. Die zeitliche Verzögerung, die sich bei diesem Verfahren ergibt, muss in der Regel hingenommen werden. Heute ist das Problem nicht mehr so groß wie vor der Ausbreitung von Handys. Damals war eine beliebte Ausrede der Sekretärin, der Chef sei nicht da und wann er wiederkomme, wisse sie nicht so genau. Das Zurückmelden könne dauern. Diese Spielchen funktionieren heutzutage einfach deswegen nicht mehr, weil jeder mit einem Handy ausgestattet ist. Es ist also möglich nachzufragen, wo der Chef ist, was er macht, und wenn man die Auskunft erhält, er sei bis zu einer gewissen Uhrzeit in einer Konferenz, dann versuch ich ihn anschließend auf seinem Handy zu erreichen.

Die Behörde ist verpflichtet, die Auskunft unverzüglich, d. h. ohne schuldhaftes Zögern, zu erteilen dazu gehört auch, dass die Behörde so organisiert ist, dass zu den üblichen Geschäftszeiten jemand zur Verfügung steht, der befugt, bereit und in der Lage ist, Presseauskünfte zu erteilen. Deshalb geht es z. B. nicht an, dass der Bürgermeister einer kleineren Gemeinde sich Presseauskünfte grundsätzlich höchstpersönlich vorbehält, aber selten zu erreichen ist, da er als Bürgermeister ständig unterwegs ist, um Termine wahrzunehmen.

Das ist nicht zulässig. Wenn der Bürgermeister selber nicht da ist, muss es einen Stellvertreter geben, der auskunftsbereit und auskunftsfähig ist. Sorgt der Behördenleiter nicht dafür, begeht er einen Organisationsfehler. Und gegen diesen Organisationsfehler kann man ggf. auch rechtlich vorgehen. In der Regel muss man sich auch nicht mit dem Hinweis zufrieden geben, die Anfrage betreffe eine Spezialfrage, die nur von einer bestimmten Person beantwortet werden könne, die in den nächsten Tagen nicht erreichbar sei. Denn für jeden Sachverhalt gibt es Akten, denen gewöhnlich alle wesentlichen Informationen zu entnehmen sind.

Nur wenn die Behörde die gewünschte Information ausnahmsweise nur von einem bestimmten Behördenmitarbeiter beschaffen kann, der tatsächlich vorübergehend nicht zu erreichen ist, ist eine entsprechende Verzögerung gerechtfertigt.

Berufen auf den Auskunftsanspruch

Rechtlich erforderlich ist es nicht, aber es kann sich empfehlen, sein Auskunftsverlangen zu begründen. Insbesondere hat es sich bewährt, die möglichen Auskunftsverweigerungsgründe schon im Auskunftsverlangen zu widerlegen. Es kann das Verfahren erheblich beschleunigen, wenn man im Vorfeld klarstellt, wir kennen die Rechtslage, gib uns die Auskunft lieber gleich. So kann sich der Behördenvertreter auch gegenüber seinem Behördenleiter darauf berufen, dass es eine Begründung für diese Anfrage gibt und dass man vernünftigerweise darauf auch antworten sollte.

Auskunftsverweigerung

Wenn sich der Mitarbeiter oder der Pressesprecher weigert, eine Auskunft zu erteilen, kommt man vielleicht zunächst auch ohne Einschaltung des Gerichts zurecht. Es kann sinnvoll sein, zunächst darauf mit dem Hinweis zu reagieren, dann nehme man in Aussicht, auf der Basis des bisherigen Informationsstandes über die Sache zu berichten. Denn man habe seine journalistische Sorgfaltspflicht ja dadurch erfüllt, dass man der Behörde Gelegenheit zur Stellungnahme gegeben habe. Und auf die Gegenfrage, was man über die Sache denn schon zu wissen glaube, kann man auf die Lektüre der morgigen Zeitung verweisen. Denn im Rahmen meiner Recherche muss ich der Behörde nicht die Gelegenheit geben, ihre Antworten auf meinen Wissensstand abzustimmen.

Die zweite Möglichkeit besteht in einer Dienstaufsichtsbeschwerde. Wenn der Pressesprecher nichts sagen will, will der Behördenleiter ja vielleicht etwas dazu sagen. Und wenn der nichts sagen will, will ja vielleicht die Aufsichtsbehörde eine Stellungnahme abgeben. Eine solche Beschwerde funktioniert besonders gut, wenn die Behörde und die Aufsichtsbehörde von unterschiedlichen Parteien regiert werden und sowieso im Clinch miteinander liegen. Die Dortmunder Kollegen hatten eine ganze Weile das Glück, dass der Oberbürgermeister der Stadt Dortmund und der zuständige Regierungspräsident in Arnsberg in wechselseitigem Schlagabtausch standen. Das bot die Gelegenheit, sich über die restriktive Auskunftspolitik der Stadt Dortmund beim Regierungspräsidenten zu beschweren und den Regierungspräsidenten zu bitten, die Stadt Dortmund anweisen, die Presseanfrage zu beantworten. Das geht, weil die Stadt der Rechtsaufsicht des Landes unterliegt und auf die Auskunft ein Rechtsanspruch besteht. Um dieses Instrument nutzen zu können, muss ich den Behördenaufbau des Landes kennen, um zu wissen, welche Stelle die aufsichtsführende Behörde ist, bei der ich mich beschweren kann.

Die Dienstaufsichtsbeschwerde hat Vorteile: Sie ist formlos, nicht fristgebunden und kostet nichts. Ihr Nachteil: Wenn die Aufsichtsbehörde nicht reagiert und sich weigert, einzugreifen, dann kann man wieder die nächst höhere Ebene einschalten, aber irgendwann ist Schluss. Man kommt an dieser Stelle eben nicht zu einem Titel, der vollstreckbar ist. Die Dienstaufsichtsbeschwerde funktioniert also wirklich nur im Vorfeld.

Bei presserechtlichen Auskunftsansprüchen gibt es keine Pflicht zu einem förmlichen Widerspruchsverfahren – anders als bei UIG- und IFG-Entscheidungen. Man muss kein förmliches Vorverfahren bei der Verwaltungsbehörde durchführen, man kann direkt klagen. Trotzdem empfiehlt es sich zuweilen, zu widersprechen und Gegenvorstellungen bei der Behörde selber oder der übergeordneten Behörde geltend zu machen. Denn wenn man erneut interveniert, überlegt die Behörde es sich vielleicht noch einmal und gibt die Auskunft.

Gerichtliche Durchsetzung

Dabei ist jedoch darauf zu achten, dass man die Klagefrist nicht versäumt. Diese hängt von der Klageart ab. Und die Klageart wiederum hängt davon ab, gegen wen sich der Anspruch richtet. Für die Durchsetzung von Auskünften der Exekutive, also einer Behörde im klassischen Sinne, ist das Verwaltungsgericht zuständig. Da die Nichterteilung einer Auskunft nach herrschender Ansicht als schlichtes Verwaltungshandeln zu bewerten ist, kann man dagegen klagen, ohne eine Frist einhalten zu müssen. Das hat zur Konsequenz, dass über die Auskunft auch nach der ersten Verweigerung weiterverhandelt werden kann, ohne dass eine Fristversäumnis droht.

Bei Auskünften von Gerichten ist generell auch das Verwaltungsgericht zuständig. Streitig ist allerdings, ob bei Auskünften der ordentlichen Gerichtsbarkeit nicht stattdessen das Oberlandesgericht (OLG) zuständig ist. Wenn diese Auskunft beim OLG geltend gemacht wird, muss das Rechtsmittel innerhalb eines Monats eingereicht werden. In diesen Fällen streiten die Gerichtsbarkeiten über ihre Zuständigkeit. Die Verwaltungsgerichte behaupten, sie seien zuständig, und die ordentliche Gerichtsbarkeit behauptet, das OLG sei zuständig. Das hat zur Konsequenz, dass man sich de facto den Rechtsweg aussuchen kann. Ich empfehle, im Zweifel das Verwaltungsgericht anzurufen. Denn die Verwaltungsrichter stehen sowohl der Verwaltung wie den übrigen Gerichten eher skeptisch gegenüber, während das innerhalb der ordentlichen Gerichtsbarkeit nicht gewährleistet ist. Das hängt damit zusammen, dass Verwaltungsgerichte die Aufgabe haben, das Verhalten der Verwaltungen zu kontrollieren, also Rechtsschutz für Bürger zu gewähren. Demgegenüber tendieren die Oberlandesgerichte eher dazu, die Auskunfts-praxis der Amts- und Landgerichte zu stützen und unterstützen. Andererseits gehen Verfahren in der ordentlichen Gerichtsbarkeit gewöhnlich schneller als Verwaltungsgerichtsverfahren. Wenn ich also weiß, dass der für die Entscheidung meines Auskunftsverlangens zuständige OLG-Senat Medienauskünften positiv gegenüber steht, kann im Einzelfall auch dessen Anrufung empfehlenswert sein.

Für Auskünfte von Staatsanwaltschaften sind in Nordrhein-Westfalen die ordentlichen Gerichte zuständig. Denn das oberste Verwaltungsgericht in NRW, das OLG Münster, hat vor einigen Jahren entschieden, dass sich die Auskunftspflicht der Staatsanwaltschaften nach der Strafprozessordnung richtet. Diese sieht vor, dass für die Entscheidung das Gericht zuständig ist, an dem die Sache anhängig ist. Ist es noch nicht oder nicht mehr anhängig, ist das Amtsgericht zuständig. Das hat zur Konsequenz, dass man sich gegen eine Auskunftsverweigerung der Staatsanwaltschaften nur wehren kann, in dem man entweder während des Ermittlungsverfahrens das Amtsgericht anruft, oder, wenn die Sache schon angeklagt ist, das Gericht, bei dem sie angeklagt ist, oder, wenn die Sache in Berufung oder Revision ist, das Berufungs- oder Revisionsgericht, oder, wenn die Sache rechtskräftig entschieden ist und nur noch vollstreckt werden muss, wieder das Amtsgericht. Ob das in den anderen Bundesländer genauso ist, ist bislang nicht entschieden. Dort könnte man es also auch bei den Verwaltungsgerichten versuchen. Ich habe die Entscheidung des OVG Münster als Rückschritt empfunden. Ich glaube, dass man, wenn man die Verwaltungsgerichtsbarkeit die Entscheidungen der Justiz überprüfen lässt, höhere Erfolgsaussichten hat, als wenn man es bei den Strafgerichten versucht. Das bedeutet jedoch nicht, dort sei es aussichtslos.

Bei Auskünften von Unternehmen ist wahrscheinlich die ordentliche Gerichtsbarkeit zuständig. Das hat zur Konsequenz, dass bei Verweigerungen

Auskünfte von Unternehmen vor dem Amtsgericht eingeklagt werden müssen. So hat jedenfalls das OVG Niedersachsen entschieden (vgl. dazu BGH III ZR 294/04). Auch das Amts- und das Landgericht München sind in ihrer Entscheidung zur Auskunftspflicht der Olympiapark München GmbH von der Zulässigkeit des Zivilrechtsweges ausgegangen (vgl. Udo Branahl (Hg.): nachgehakt, Bottrop 2008, S. 139 ff.). Es wird aber auch sehr wohl die Auffassung vertreten, dass ein Anspruch, der zum öffentlichen Recht gehört – und natürlich gehört der presserechtliche Auskunftsanspruch unstreitig zum öffentlichen Recht – , auch dann vor einem Verwaltungsgericht geltend gemacht werden muss, wenn er sich gegen einen Privaten richtet (so z. B. das VG und OVG des Saarlandes im Jahre 1996 (Archiv für Presserecht 1997, S. 837). Bundesländern auch so gesehen wird.

In Verfahren, bei denen streitig ist, welcher Rechtsweg eröffnet ist, geht der Kläger ein gewisses Kostenrisiko ein. Wenn man beispielsweise in Hamburg vor dem Verwaltungsgericht klagen würde, und die Hamburger Verwaltungsrichter würden sagen: ‚Wir nicht', dann müssen Sie einen Verweisungsantrag stellen und beim Amtsgericht weitermachen. Den Teil der Gerichtskosten, der durch die Anrufung des Verwaltungsgerichtes entstanden ist, müssen in diesem Fall auch dann tragen, wenn Sie Ihren Prozess vor den Zivilgerichten gewinnen. Das Prozesskostenrisiko ist aber überschaubar. Leider können Sie es nicht dadurch vermeiden, dass Sie vorab bei dem Gericht anrufen und fragen, wer zuständig ist. Aber versuchen könnten Sie es. Vielleicht sagt der Pressesprecher: „Solche Fälle haben wir noch nicht gehabt und deshalb kann ich dazu nichts sagen." Oder aber: „Dafür ist bei uns die dritte Kammer zuständig, rufen Sie doch mal deren Vorsitzenden an." Dann sagt der Vorsitzende der dritten Kammer entweder: „Rechtsauskünfte erteilt das Gericht nicht. Wenn Sie das wissen wollen, dann legen Sie Klage bei uns ein, dann müssen wir uns damit befassen. Aber ohne Streitigkeit gibt es keine allgemeinen Rechtsauskünfte durch das Gericht." Oder Sie haben Glück und der sagt: „Hat die Kammer schon mal gemacht, vor zwei Jahren, und seitdem entscheiden wir in dieser oder jener Richtung." Eine Auskunft erhält man demnach, wenn es bei der Kammer bereits eine bestimmte Rechtsprechung gibt. Wenn es dort noch keine Rechtsprechung gibt, dann entscheidet das der Vorsitzende nicht vorab und sagt, so und so ist die Rechtslage. Denn die Entscheidung einer streitigen Rechtsfrage obliegt dem zuständigen Gericht. Das ist z. B. eine Kammer des Verwaltungsgerichts, die aus drei Berufsrichtern besteht.

Man kann es also probieren, aber man hat keinen Anspruch auf diese Information. Auch der Pressesprecher ist nicht verpflichtet, diese Information zu besorgen.

Das Eilverfahren

Normale Klageverfahren dauern etwa 9 bis 12 Monate in der ersten Instanz. Amtsgerichte terminieren mit einem Vorlauf von 7 bis 9 Monaten. Normalerweise käme man also erst in 9 Monaten dran mit seiner Klage. Ist zu lang, wollen wir abkürzen. Für solche Fälle gibt es grundsätzlich in allen verschiedenen Verfahrensordnungen das Eilverfahren: beim Verwaltungsgericht Antrag auf Erlass einer einstweiligen Anordnung, beim Zivilgericht Antrag auf Erlass einer einstweiligen Verfügung. Solche Eilverfahren unterscheiden sich von normalen Klageverfahren dadurch, dass summarisch geprüft wird, ob der Anspruch gerechtfertigt ist oder nicht. Es wird kein langes Beweisverfahren geführt, es werden keine Beweise erhoben. Das Amtsgericht entscheidet auf der Basis einer eidesstattlichen Versicherung des Klägers, ggf. ohne Anhörung des Beklagten, was wir an anderer Stelle ja bedauern. Man bekommt eine Eilentscheidung vom Amtsgericht ggf. innerhalb von 24, 36, 48 Stunden. Das kann ganz schnell gehen. Das ist das klassische Verfahren bei der Gegendarstellung, wo ein solches Eilverfahren gesetzlich vorgeschrieben ist, und deshalb bekommt man eine Entscheidung über eine Gegendarstellung, wenn man sie sauber formuliert hat, relativ rasch.

Dieses Eilverfahren hat nun einen Haken, wenn es um Auskunftsansprüche geht. Denn im Eilverfahren wird normalerweise nur eine vorläufige Entscheidung getroffen. Eine Auskunft kann aber nicht vorläufig erteilt werden. Wenn man einmal entschieden hat, die Auskunft ist zu geben, dann ist die Geschichte zu Ende – man kann die Auskunft ja nicht wieder zurückholen. Aus diesem Grund war lange Zeit umstritten, ob Eilverfahren bei Auskunftsansprüchen überhaupt zulässig sind.

Eine Ausnahme von der Regel, dass ein Eilverfahren nur die vorläufige Regelung eines Rechtszustandes beinhalten darf, gilt in Fällen, bei denen drei Voraussetzungen erfüllt sind:
Erstens muss das Obsiegen im Hauptverfahren mit hoher Wahrscheinlichkeit zu erwarten sein. Das heißt, bei überschlägiger Prüfung der Angelegenheit muss sich ergeben, dass der Anspruch besteht. Wenn das Gericht Zweifel daran hat, wird der Antrag abgewiesen.
Zweitens: Ein effektiver Rechtsschutz ist ansonsten unmöglich. Wenn die Entscheidung über einen presserechtlichen Auskunftsanspruch 9 oder 12 Monate dauert, ist sie für den Journalisten und die Medien nichts mehr wert. Ein solches Verfahren käme einer Rechtsverweigerung gleich.
Drittens müssen dem Antragsteller durch die lange Verfahrensdauer unzumutbare, nicht mehr auszugleichende Nachteile entstehen.

Für Presseauskünfte werden die Punkte 2 und 3 von der Gerichtsbarkeit in aller Regel bejaht. Entscheidend ist deshalb, ob eine Prognose über den

Ausgang des anschließenden Hauptverfahrens mit hoher Wahrscheinlichkeit zugunsten des Antragstellers ausgeht. So hat das Verwaltungsgericht Düsseldorf gemeint, die Auskunftspflicht der Stadt Duisburg im Zusammenhang mit der Loveparade, wo der Bürgermeister Adolf Sauerland nichts sagt, sondern nur auf die Staatsanwaltschaft verweist, sei nicht so eindeutig, dass sie im Eilverfahren entschieden werden könne.

Die größte Hürde für den Erfolg eines Eilverfahrens besteht also darin, dass bei überschlägiger Prüfung ein deutliches Übergewicht für die Wahrscheinlichkeit besteht, dass der Antrag bei gründlicher Prüfung erfolgreich sein wird, ist. Sonst wird das Eilverfahren abgewiesen mit der Begründung, man könne über den Anspruch nur im normalen Klageverfahren entscheiden.
Um in einem solchen Verfahren einen möglichst frühen Verhandlungstermin zu bekommen, empfiehlt es sich, in die Klageschrift hineinzuschreiben, warum diese Angelegenheit eilbedürftig ist, also deutlich zu machen, dass die Entscheidung bis zu einem bestimmten Termin gebraucht wird. Das bewegt vielleicht den zuständigen Richter, die Sache nicht hinten auf den großen Berg zu legen. Normalerweise terminieren Gerichte in der Reihenfolge des Eingangs. Wenn ich erreichen will, dass der Richter eine bestimmte Entscheidung vorzieht, muss ich ihm klarmachen, wieso das erforderlich ist. Wenn hinreichend klar gemacht wurde, dass die Sache dringlich ist, dann sieht der Richter vielleicht eine Lücke in der Sitzungsplanung. Auf diese Art und Weise könnte die Verfahrensdauer verkürzt werden.

Unterschiede zwischen presserechtlichem Auskunftsanspruch und IFG, UIG, VIG

Die Unterschiede zwischen presserechtlichem Auskunftsanspruch und UIG-, IFG- sowie VIG-Ansprüchen betreffen zum einen die Art des Zugangs. Nach dem Pressegesetz bzw. den einschlägigen Regeln können Sie eine Auskunft verlangen. Sonst nichts. Sie können ggf. verlangen, dass Sie diese Auskunft schriftlich erhalten, aber Akteneinsicht bekommen Sie normalerweise nicht. Die Art des Zugangs bestimmt im Ergebnis die Behörde. Der Zugang muss sachgerecht sein, man muss die Auskunft auch verarbeiten können. Sie muss in einer Form gegeben werden, in der sie verarbeitet werden kann. Aber nach bis jetzt herrschender Lehre haben z.B. Fernsehsender keinen Anspruch darauf, dass man ihnen die Auskunft in Form einer persönlichen Stellungnahme oder eines Interviews des jeweiligen Pressesprechers oder Behördenleiters gibt.
Eine persönliche Stellungnahme kann auch bei den Ansprüchen aus UIG, IFG und VIG nicht verlangt werden, wohl aber Akteneinsicht.
Die Medienauskunft muss kostenlos erteilt werden, die Auskunft nach UIG, IFG und VIG nicht. Um die Kosten mög-

lichst gering zu halten, sollte die Information, die man haben will, oder die Akte, in die man einsehen will, möglichst genau bezeichnet werden. Denn je größer die Datenmengen, die geprüft werden müssen, bevor sie zur Verfügung gestellt werden, desto größer wird der Aufwand der Behörde, der Kosten verursacht, die der Antragsteller tragen muss.

Vor der gerichtlichen Durchsetzung eines Anspruchs aus UIG oder IFG muss zunächst ein Widerspruchsverfahren durchgeführt werden. Für diese Verfahren und die anschließende Klage gibt es eine Frist: Wenn Sie einen ablehnenden Bescheid von der Behörde bekommen, müssen Sie innerhalb eines Monats Widerspruch einlegen. Wenn Sie den Widerspruchsbescheid bekommen, müssen Sie innerhalb eines Monats Klage erheben. Wenn Sie das nicht tun, diese Frist nicht einhalten, dann ist Ihre Klage oder der Widerspruch unzulässig, weil verfristet. Das hat zur Konsequenz, dass man bei solchen Ansprüchen vorsichtiger sein muss mit zwischenzeitlichen gütlichen Verhandlungen.

Vorteilhaft ist ja grundsätzlich, dass man bei diesen Ansprüchen den Datenschutzbeauftragten einschalten kann, der kostenlos tätig wird. Wenn der Datenschutzbeauftragte jedoch zwei Monate braucht, bevor er Ihnen eine Antwort schickt, dann müssen Sie zwischenzeitlich einen Widerspruch eingelegt haben, denn nach zwei Monaten können Sie das nicht mehr. Und das Anrufen des Datenschutzbeauftragten führt nicht dazu, dass die Frist verlängert wird.

Das ist beim Auskunftsanspruch anders: Gegen die Nichterteilung eines Auskunftsanspruchs kann man ohne Frist und ohne Widerspruch klagen.

Fazit

Die Pragmatik-Regel lautet also: Solange ich mich mit einer Auskunft zufrieden gebe, empfiehlt es sich eher, auf den presserechtlichen Auskunftsanspruch abzustellen. Wenn ich gerne Akteneinsicht haben will, muss ich auf die anderen Auskunftsansprüche zurückgreifen.

Martin Beckmann: Der Informationsanspruch nach dem Umweltinformationsgesetz

A. Einführung

Die Pressefreiheit besitzt nach der Rechtsprechung des Bundesverfassungsgerichts einen hohen Rang. Eine freie, nicht von der öffentlichen Gewalt gelenkte, keiner Zensur unterworfene Presse ist Wesenselement des freiheitlichen Staates und für die moderne Demokratie unentbehrlich (BVerfGE 50, 234, 239 f.; BVerfGE 52, 283, 296; BVerfGE 66, 116, 133).
Die Aufgabe der Presse ist es, umfassende Information zu ermöglichen, die Vielfalt der bestehenden Meinungen wiederzugeben und selbst Meinungen zu bilden und zu vertreten (BVerfGE 52, 283, 296).

Durch die Pressefreiheit werden alle wesensmäßig mit der Pressearbeit zusammenhängenden Tätigkeiten von der Beschaffung der Informationen bis zur Verbreitung der Nachrichten und Meinungen geschützt (BVerfGE 20, 162, 176).

Ob die Informationen aus allgemein zugänglichen Quellen stammen, ist nicht entscheidend. Der publizistischen Vorbereitungstätigkeit der Presse, zu der insbesondere die Beschaffung von Informationen gehört, ist vom BVerfG stets hohes Gewicht eingeräumt worden (BVerfGE 50, 234, 240 m.w.N.). Erst der prinzipiell ungehinderte Zugang zur Information versetzt die Presse nach Auffassung des BVerfG in den Stand, die ihr in der freiheitlichen Demokratie zukommende Funktion wirksam wahrzunehmen.

Die Landespressegesetze verpflichten dementsprechend die Behörden, den Vertretern der Presse die der Erfüllung ihrer öffentlichen Aufgabe dienenden Auskünfte zu erteilen. Allgemeine Anordnungen, die einer Behörde Auskünfte an die Presse überhaupt, an diejenige einer bestimmten Richtung oder an ein bestimmtes periodisches Druckwerk verbieten, sind unzulässig (z.B. § 4 Abs. 3 LPresseG NRW).
Allerdings gelten diese Informationsrechte der Presse nicht schrankenlos. Nach den jeweiligen Pressegesetzen besteht ein Anspruch auf Auskunft nicht, soweit durch sie die sachgemäße Durchführung eines schwebenden Verfahrens vereitelt, erschwert, verzögert oder gefährdet werden könnte oder Vorschriften über die Geheimhaltung

entgegenstehen oder ein überwiegendes öffentliches oder ein schutzwürdiges privates Interesse verletzt würde oder deren Umfang das zumutbare Maß überschreitet.

Journalisten können ihre Informationsansprüche nicht nur auf das Presserecht, sondern auch auf Informationsansprüche stützen, die jedermann zustehen.

Nach Art. 5 Abs. 1 S. 1 GG hat jeder das Recht, sich aus allgemein zugänglichen Quellen ungehindert zu unterrichten. Allgemein zugängliche Quellen sind die für den allgemeinen Zugang geeigneten und bestimmten Quellen.

Bei Behörden vorhandene Informationen sind nach der Rechtsprechung grds. nicht für einen allgemeinen Zugang bestimmt, so dass Art. 5 Abs. 1 S. 1 GG keinen verfassungsunmittelbaren Anspruch auf behördliche Informationen vermittelt (BVerfG, B.v. 24.01.2001 – 1 BvR 2623/95, NJW 2001, 1633, 1634 m.w.N.; Kugelmann, DÖV 2005, 851, 856).

Auch die Staatszielbestimmung des Art. 20 a GG räumt keinen Umweltinformationsanspruch ein (BVerwG, Urt. v. 19.12.1997 – 8 nB 234/97 – , NVwZ 1998, 1080, 1081). Die Landesverfassungen der neuen Bundesländer sehen dagegen ein Recht auf freien Zugang zu Umweltinformationen vor (dazu Reidt/Schiller, in: Landmann/Rohmer, Umweltrecht, Bd. III, Vorb. UIG Rdn. 52 f.).

B. Anwendungsbereich des Umweltinformationsgesetzes

Informationsansprüche ergeben sich aus unterschiedlichen Gesetzen. Der Bundesgesetzgeber hat folgende fünf Informationsfreiheitsgesetze verabschiedet:

Informationsfreiheitsgesetz,
Umweltinformationsgesetz,
Verbraucherinformationsgesetz,
Bundesarchivgesetz,
Stasi-Unterlagengesetz.

Daneben existieren in zahlreichen Gesetzen isolierte Einzelvorschriften, die Informationsansprüche vermitteln oder Informationsverbreitung regeln. Dazu gehören z.B. § 29 VwVfG mit dem Akteneisnichtsrecht im Verwaltungsverfahren und Informationsansprüche im Rahmen von förmlichen Öffentlichkeitsbeteiligungsverfahren.

Mit umfassenden Informationsansprüchen ist der Grundsatz der Amtsverschwiegenheit weitgehend durch ein Öffentlichkeitsprinzip abgelöst worden.

Erfahrungen haben gezeigt, dass Befürchtungen der Gesetzeskritiker, das IFG würde von Querulanten missbraucht, deren Anträge die Verwaltungen lahm legen, unbegründet sind. Auch die Sorge, dass journalistische Anfragen zu untragbaren Belastungen der Verwaltungen führen könnten, haben sich in der Vergangenheit als nicht berechtigt erwiesen.

I. Beschränkung auf Bundesbehörden

IFG und UIG begründen Informationsansprüche gegenüber den Behörden des Bundes. Ansprüche gegen Landesbehörden werden in entsprechenden Landesgesetzen geregelt. Allerdings verweisen die Landesgesetze zumeist wiederum auf die Bundesgesetze.

II. Verhältnis zu anderen Informationsansprüchen

§ 3 Abs. 1 S. 2 UIG lässt ausdrücklich neben dem Anspruch auf Zugang zu Unweltinformationen nach § 3 Abs. 1 S. 1 UIG andere Ansprüche auf Zugang zu Informationen unberührt. Sofern andere Gesetze einen weitergehenden Informationszugang eröffnen, kommen diese Regelungen neben dem UIG zur Anwendung (Reidt/Schiller, in: Landmann/Rohmer, Umweltrecht, Band III, § 3 UIG Rdn. 29; Gesetzesbegründung, BT-Drs. 15/3406, S. 15).

Neben dem Umweltinformationsanspruch kann das Akteneinsichtsrecht nach § 29 VwVfG geltend gemacht werden (VG Trier, B. v. 04.12.2008 – 5 L 757/08). Der Anspruch nach § 29 VwVfG ist zumeist weniger vorteilhaft, weil

- der Anspruch ein behördliches Verfahren voraussetzt,
- die Geltendmachung rechtlicher Interessen erforderlich ist und
- die gerichtliche Geltendmachung des UIG-Anspruchs während des Verwaltungsverfahrens zulässig (BVerwG, B. v. 12.06.2007 – 7 VR 1.07-, NVwZ 2007, 1095), während für § 29 VwVfG hingegen § 44 a VwGO zu beachten ist.

Für den Informationszugang zu informationspflichtigen Stellen des Bundes sieht § 1 Abs. 3 IFG ausdrücklich einen Vorrang des UIG vor. Im Verhältnis zum IFG regelt das UIG Umweltinformationsansprüche abschließend. Soweit es Einschränkungen und Ablehnungsgründe normiert, sind diese Gründe abschließend. Soweit das UIG den Zugang zu Umweltinformationen verwehrt, kann ein Zugang zu diesen Informationen nicht auf der Grundlage von Vorschriften des IFG begehrt werden (BVerwG, B. v. 30.04.2009 – 7 C 17.08 –, UPR 2009, 313; Reidt/Schiller, in: Landmann/Rohmer, Bd. III, § 3 UIG Rdnr. 30).

Der Anspruch nach dem UIG hat gegenüber Auskunftsansprüchen nach dem PresseG verschiedene Vorzüge:

- Mögliche Anonymität: Jedermann-Anspruch kann von Nichtjournalisten geltend gemacht werden,
- Konkretere Regelungen zur Art der Auskunftserteilung,
- Genauer geregelter Verfahrensablauf: Fristen, etc.
- Presserechtliche Auskunftsbegehren werden von der Pressestelle der Behörde beantwortet, die zumeist keine detailliertere Kenntnis von dem Vorgang hat,
- Beteiligung des Betroffenen und Einwilligungsmöglichkeit nach UIG

C. Anspruchsberechtigte

Gem. § 3 Abs. 1 S. 1 UIG hat jeder nach Maßgabe des UIG einen Anspruch auf freien Zugang zu Umweltinformationen, über die eine informationspflichtige Stelle verfügt (BVerwG, v.21.02.08 – 4 C 13.07-, BVerwGE 130, 223; Urt. v. 24.09.09 – 7 C 2.09 –, NVwZ 2010, 189). Der Anspruch ist voraussetzungslos.
Der Anspruch kann ohne Begründung geltend gemacht werden. das unterscheidet den Umweltinformationsanspruch von dem Akteneinsichtsrecht nach dem Verwaltungsverfahrensgesetz, das nur den Verfahrensbeteiligten zur Wahrung ihrer rechtlichen Interessen eingeräumt ist.
Gleichwohl kann es sinnvoll sein, das Interesse an der Information zu begründen. Denn bei der Prüfung von Ablehnungsgründen kann es auf eine Abwägung widerstreitender Interessen ankommen, bei der auch die Interessen des Antragstellers an der Information berücksichtigt werden können bzw. müssen.

D. Informationspflichtige Stellen

Öffentliche Stellen, die informationspflichtig sind, sind nach § 2 Abs. 1 UIG die Regierung und andere Stellen der öffentlichen Verwaltung. Beratungsgremien gelten als Teil der Stelle, die deren Mitglieder beruft.
Zu den informationspflichtigen Stellen gehören nicht die obersten Bundesbehörden, soweit sie im Rahmen der Gesetzgebung oder beim Erlass von Rechtsverordnungen tätig werden und Gerichte des Bundes, soweit sie nicht Aufgaben der öffentlichen Verwaltung wahrnehmen Ob die Regelung des § 2 Abs. 1 Nr. 1 a) UIG europarechtskonform ist, ist zweifelhaft (siehe BVerwG, B. v. 30.04.09 –, UPR 2009, 313).

Informationspflichtig sind auch natürliche oder juristische Personen des Privatrechts, soweit sie

- öffentliche Aufgaben wahrnehmen oder öffentliche Dienstleistungen erbringen, die im Zusammenhang mit der Umwelt stehen, insbesondere solche der umweltbezogenen Daseinsvorsorge,
- und dabei der Kontrolle des Bundes oder einer unter der Aufsicht des Bundes stehenden juristischen Personen des öffentlichen Rechts unterliegen.

Kontrolle im vorgenannten Sinne liegt vor, wenn die Person des Privatrechts bei der Wahrnehmung der öffentlichen Aufgabe oder bei der Erbringung der öffentlichen Dienstleistung gegenüber Dritten besonderen Pflichten unterliegt oder über besondere Rechte verfügt, insbesondere ein Kontrahierungszwang oder ein Anschluss- und Benutzungszwang besteht oder juristische Personen des öffentlichen Rechts mehrheitlich an dem Unternehmen beteiligt sind oder die Hälfte der Vertreter in den Leitungsorganen bestellen können.
Auskunftspflichtig sind insoweit staat-

lich kontrollierte Unternehmen der Wasserwirtschaft, Energieversorgungsunternehmen, wohl auch private Rücknahmesysteme der Kreislaufwirtschaft, Flughafenbetreiber und die Deutsche Bahn und die Deutsche Telekom AG.

E. Umfang des Umweltinformationsanspruchs

Der Umfang des Anspruchs hängt ab vom

- Begriff der Umweltinformation,
- Vorhandensein oder Bereithalten der Umweltinformationen,
- gewährten Zugang zur Information.

I. Begriff der Umweltinformation

Der Begriff der Umweltinformationen ist weit auszulegen. Umweltinformationen sind unabhängig von der Art der Speicherung alle Daten über

- den Zustand der Umwelt,
- Auswirkungen auf die Umwelt (Stoffe, Energie, Lärm, Strahlungen, Abfälle, etc,
- Maßnahmen oder Tätigkeiten, die sich auf die Umwelt auswirken (können) oder die den Schutz der Umwelt bezwecken (Verwaltungsvorschriften, Pläne, Abkommen, etc.).
- Zustand der menschlichen Gesundheit und Sicherheit, Lebensbedingungen, sowie Kulturstätten und Bauwerke.

Informationen über den Zustand der Umwelt können den gegenwärtigen Zustand, aber auch einen früheren Zustand betreffen, weil sich daraus Folgerungen zur Fehlervermeidung für die Zukunft ergeben können (OVG Koblenz, NVwZ 2007, 351). Etwas anderes gilt für vor ihrer Verwirklichung aufgegebene Pläne, da sie sich zu keinem Zeitpunkt auf die Umwelt ausgewirkt haben können (BVerwG, NVwZ 2008, 80).

Zu den Umweltinformationen gehören z. B.

Bescheide, Genehmigungen und Anordnungen der zuständigen Behörde zum Schutz der Umwelt (z. B. auch Bescheide über die Zuteilung von Emissionsberechtigungen, BVerwG, NVwZ 2010, 189),
Maßnahmen des Verwaltungszwangs (VGH Mannheim, NVwZ 1998, 987),
kommunalen Standorte von Funkanlagen, ihre Systemkennung und die Antennenarten (VG Trier, B. v. 17.07.09 – 5 L 330/09-, NVwZ-RR 2009, 828), die Standorte störfallpflichtiger Betriebe (OVG Koblenz, NVwZ 2007, 351),
Messlinien und Messdaten nach § 125 BBergG zur Ermittlung von Bodenbewegungen und Veränderungen an der Tagesoberfläche (VG Arnsberg, B. v. 2911.07 – 7 K 3982/06-, ZfB 2008, 59,
Dioxinbelastungen in Tongruben (OVG Koblenz, NVwZ 2009, 477),
Informationen über die Ausbringung gentechnisch veränderter Organismen (VG Braunschweig, ZUR 2009, 211),
Unterlagen zum Transrapid und zum Sicherheitskonzept einer Magnetschwebebahn, (OVG Münster, NVwZ 2007, 1212),

Angaben zur wirtschaftlichen Realisierbarkeit einer umweltrelevanten Maßnahme, und zwar sowohl Angaben zur Finanzierung des Vorhabens als auch zur Finanzkraft des Vorhabenträgers, (BVerwG, v. 21.02.2008, BVerwGE 130,223),
Vergabe von Beihilfen zur Förderung umweltrelevanter Projekte/Gewährung von Exportkrediten (BVerwG, BVerwGE 130, 223),
Vergabe von Umwelt- und Agrarsubventionen (VG Schleswig, Urt. v. 29.11.2007; VG Hamburg, Urt. v. 28.05.09; BVerwG, Urt. v. 28.05.09, ZUR 2009, 490; VG Köln, Urt. v. 23.10.08),
Zuteilung von Emissionszertifikaten (BVerwG, NVwZ 2010, 189),
Sicherheitsdefizite eines KKW (VG Schleswig, Urt. v. 13.02.2007).

Erfasst werden auch Angaben zur wirtschaftlichen Realisierbarkeit einer umweltrelevanten Maßnahme. Dazu gehören sowohl Angaben zur Finanzierung des Vorhabens als auch zur Finanzkraft des Vorhabenträgers (BVerwG, v.21.02.08 – 4 C 13.07-, BVerwGE 130, 223).
Ob der Anspruchsteller wissenschaftliche oder wirtschaftliche Interessen verfolgt, ist grds. unbeachtlich. Die Absicht eines Gewerbetreibenden, Akteneinsicht in die Genehmigung eines Konkurrenten zu erhalten, um der als zu streng empfundenen Genehmigungspraxis für das eigene Unternehmen entgegenzuwirken, kann nicht generell zum Ausschluss des Informationsanspruchs führen (BVerwG, B. v. 24.09.2009- 7 C 2.09-, NVwZ 2010, 189). Allerdings kann sich die Frage nach einem missbräuchlichen Antrag stellen.

II. Vorhandensein oder Bereithalten

Der Informationsanspruch bezieht sich nur auf solche Umweltinformationen, die bei der informationspflichtigen Stelle vorhanden sind oder für sie bereitgehalten werden.
Ein Bereithalten in diesem Sinne liegt nach § 2 Abs. 4 Satz 2 UIG vor, wenn eine natürliche oder juristische Person, die selbst nicht informationspflichtige Stelle ist, Umweltinformationen für eine informationspflichtige Stelle im Sinne des § 2 Abs. 1 UIG aufbewahrt, auf die diese Stelle einen Übermittlungsanspruch hat.

Die informationspflichtige Stelle ist nicht verpflichtet, sich Informationen, die begehrt werden, zu beschaffen. Es kann allerdings eine Wiederbeschaffungspflicht bestehen, wenn eine informationspflichtige Stelle z.B. Akten nach Antragstellung an eine andere Stelle weiterreicht (OVG Berlin/Brandenburg, v. 02.10.2007 – 12 B 9/07); VG Berlin, Urt. v. 20.11.2008 – 2 A 57/076-, NVwZ 2009, 856, 859; Hartleb, NVwZ 2009, 825).

III. Zugang zu den Informationen

Der Zugang zu den gewünschten Umweltinformationen kann nach § 3 Abs. 2 S. 1 UIG durch

- Auskunftserteilung,
- Gewährung von Akteneinsicht
- oder in sonstiger Weise eröffnet werden.

Wird eine bestimmte Art des Informationszugangs beantragt, so darf der Informationszugang nur aus gewichtigen Gründen auf andere Art eröffnet werden. Als gewichtiger Grund gilt dabei nach § 3 Abs. 2 Satz 3 UIG ein deutlich höherer Verwaltungsaufwand. Soweit bestimmte Umweltinformationen dem Anspruchsteller bereits auf andere, leicht zugängliche Art, insbesondere durch Verbreitung nach § 10 UIG, zur Verfügung stehen, kann die informationspflichtige Stelle den Anspruchsteller auf diese Art des Informationszugangs verweisen.

Die Akten dürfen so eingesehen werden, dass dem Antragsteller Gelegenheit zum Studium der Akten und zur Anfertigung von Notizen und Auszüge aus den seitens der informationspflichtigen Stelle zur Verfügung gestellten Akten gegeben wird. Es ist darauf zu achten, dass die vorgelegten Akten vollständig sind. Grundsätzlich sind die Akten fortlaufend zu nummerieren. Die Einsicht in einen Aktenplan kann hilfreich sein.
Eine zeitweilige Überlassung der Akte kann nicht verlangt werden. Anwälten sind allerdings auf der Grundlage eines Erlasses regelmäßig die Akten zur Einsicht in das Büro zu übersenden.
Die Anfertigung von Kopien muss ermöglicht werden.

F. Ablehnungsgründe

Die Qualität des Informationsanspruchs erweist sich letztlich erst im Zusammenhang mit seinen Einschränkungen und Ausnahmen. Die §§ 8, 9 UIG enthalten einen Katalog von Ablehnungsgründen, die dem Schutz öffentlicher Belange und dem Schutz sonstiger Belange dienen.

Diese Ablehnungsgründe sind vom Gesetzgeber abschließend aufgezählt. Weitere Gründe, etwa ein zu hoher Verwaltungsaufwand oder der Schutz von laufenden Verwaltungsverfahren, können nicht hinzugefügt werden. Der EuGH hat deutlich auf die Notwendigkeit einer engen Auslegung der Ausnahmegründe hingewiesen (EuGH, Urt. v. 17.06.1998 – Rs. C – 321/96, EU R 1998, 669 ff.; EuGH, Urt. v. 11.01.2000 – Rs. C – 174/98, NVwZ 2000, 905, 906).

I. Schutz öffentlicher Belange

Der Informationsanspruch kann zum Schutz öffentlicher Belange abgelehnt werden.

1. Öffentliche Belange

Abzulehnen ist der Informationsanspruch gem. § 8 Abs. 1 UIG, wenn das Bekanntgeben der Informationen nachteilige Auswirkungen hätte auf

- die internationalen Beziehungen, die Verteidigung oder bedeutsame Schutzgüter der öffentlichen Sicherheit,
- die Vertraulichkeit der Beratungen von informationspflichtigen Stellen,
- oder auf die Durchführung eines laufenden Gerichtsverfahrens, den Anspruch einer Person auf ein faires Verfahren oder die Durchfüh-

rung strafrechtlicher, ordnungswidrigkeitenrechtlicher oder disziplinarrechtlicher Ermittlungen,
- den Zustand der Umwelt.

Nach der Rechtsprechung des OVG Koblenz darf die Behörde die Herausgabe der begehrten Informationen aus Sicherheitsgründen nur verweigern, wenn die Bekanntgabe zu einer ernsthaften, konkreten Gefährdung der Funktionsfähigkeit des Staates oder der Schutzgüter Leben und Gesundheit führt, es sei denn, das öffentliche Interesse an der Bekanntgabe überwiegt. Zur Beantwortung der Frage, ob die Bekanntgabe der verlangten Informationen zu der genannten ernsthaften, konkreten Gefährdung führt, bedarf es einer Prognoseentscheidung über die Auswirkungen des Bekanntgebens auf die Schutzgüter der öffentlichen Sicherheit.

Eine konkrete Gefahr liegt vor, wenn im konkreten Fall die hinreichende Wahrscheinlichkeit besteht, dass in absehbarer Zeit ein Schaden für die Rechtsgüter eintreten wird. Die diesbezüglich anzustellende Prognose muss auf einer hinreichenden Sachverhaltsermittlung beruhen sowie inhaltlich nachvollziehbar und vertretbar sein. Vage Anhaltspunkte oder bloße Vermutungen ohne greifbaren, auf den Einzelfall bezogenen Anlass reichen nicht aus (OVG Rheinland-Pfalz, Urteil vom 20. Februar 2008 – 1 A 10886/07 –, NVwZ 2008, 1141).
Nach § 8 Abs. 2 UIG ist ein Antrag abzulehnen, wenn er

- offensichtlich missbräuchlich gestellt wurde,
- sich auf interne Mitteilungen der informationspflichtigen Stellen bezieht,
- bei einer Stelle, die nicht über die Umweltinformation verfügt, gestellt wird, sofern er nicht nach § 4 Abs. 3 UIG weitergeleitet werden kann,
- sich auf die Zugänglichmachung von Material, das gerade vervollständigt wird, noch nicht abgeschlossener Schriftstücke oder noch nicht aufbereiteter Daten bezieht
- oder zu unbestimmt ist und auf Aufforderung der informationspflichtigen Stelle nach § 4 Abs. 2 UIG nicht innerhalb einer angemessenen Frist präzisiert wird.

2. Interessenabwägung

Allerdings ist dem Antrag trotz dieser geschilderten nachteiligen Auswirkungen stattzugeben, wenn das öffentliche Interesse an der Bekanntgabe im Vergleich zu diesen nachteiligen Auswirkungen überwiegt.

Überwiegen bedeutet, dass das öffentliche Interesse an der Bekanntmachung größer sein muss als das Interesse an der Verweigerung der Bekanntgabe. Dies macht es erforderlich, das mit dem Antrag ein Interesse verfolgt und auch nachvollziehbar geltend gemacht wird, das über das allgemeine Interesse hinausgeht, das bereits jeden Antrag rechtfertigt. Der Antragsteller fungiert insoweit als Repräsentant der Öffentlichkeit und des allgemeinen öffentlichen Interesses an dem Zugang zu den Umweltinformationen.

Ein solches Interesse kann insbesondere bei einer Informationsbeschaffung für die Presse geltend gemacht werden.

Für die Ermittlung der in der Abwägung zu berücksichtigenden Gesichtspunkte muss zunächst das Informationsinteresse der Öffentlichkeit konkretisiert werden. Dabei ist ein Rückgriff auf die Zielsetzungen der Umweltinformationsrichtlinie 2003/4/EG hilfreich. Die Richtlinie bezweckt ausweislich ihres 1. Erwägungsgrundes den erweiterten Zugang der Öffentlichkeit zu umweltbezogenen Informationen und der Verbreitung dieser Informationen, um das Umweltbewusstsein zu schärfen, einen freien Meinungsaustausch und eine wirksame Teilhabe der Öffentlichkeit an Entscheidungsprozessen zu Umweltfragen zu ermöglichen und somit letztlich den Umweltschutz zu verbessern. Besonderes Gewicht erhält das Informationsinteresse vor diesem Hintergrund in Bezug auf Informationen, die für eine wirksame Einbeziehung der Öffentlichkeit in Umweltfragen von besonderer Bedeutung sind. Dies betrifft etwa Aspekte politischer Mitgestaltung oder die Bedeutung der Information für die Kontrolle der Verwaltung. Von entscheidender Bedeutung dürfte auch das Ausmaß einer ggf. bestehenden oder möglichen Umweltbelastung sein, da das Umweltinformationsrecht darauf abzielt, über die Einbindung der Öffentlichkeit den Umweltschutz zu verbessern. Beurteilungsmaßstab können demnach Größe und Wahrscheinlichkeit einer möglichen Gefahr sein.

3. Emissionen einer Anlage

Der Zugang zu Umweltinformationen über Emissionen einer Anlage kann nicht unter Berufung auf nachteilige Auswirkungen auf die Vertraulichkeit von Beratungen und wegen nachteiliger Auswirkungen auf den Zustand der Umwelt abgelehnt werden.
Nach Sinn und Zweck des § 9 Abs. 1 S. 2 UIG sollen der Öffentlichkeit stets Informationen über solche Vorgänge zugänglich gemacht werden, die sie unmittelbar berühren. Diese Informationen sollen ihr nicht unter Berufung auf Betriebs- und Geschäftsgeheimnisse vorenthalten werden dürfen. Insoweit soll keine Abwägung zwischen einem privaten Interesse an Geheimhaltung und dem öffentlichen Interesse an Information mehr erforderlich sein. Der Gesetzgeber hat mit § 9 Abs. 1 S. 2 UIG selbst abgewogen und dem öffentlichen Interesse an Information stets den Vorrang eingeräumt.
Unmittelbar berührt die Öffentlichkeit, insbesondere die Nachbarschaft einer emittierenden Anlage, welche Stoffe in welchem Umfang aus der Anlage in die Umgebung abgegeben werden und damit für die Öffentlichkeit unmittelbar spürbar werden. Was aus der Anlage in die Umgebung gelangt, soll in keinem Falle vertraulich behandelt werden dürfen.

Angaben über die Vorgänge in der Anlage selbst, die zur Freisetzung der emittierten Stoffe führen, also für diese ursächlich sind, sind zwar ebenfalls Umweltinformationen. Bevor sie der Öffentlichkeit zugänglich gemacht werden, ist aber jeweils zu prüfen, ob durch ihre Bekanntgabe Betriebs- und Geschäftsgeheimnisse offenbart werden. Ist dies der Fall, sind die Informationen der Öffentlichkeit gleichwohl zugänglich zu machen, wenn das öffentliche Interesse überwiegt (BVerwG, Urt. v. 24.09.2009 – / C 2/09).

4. Offensichtlicher Missbrauch

Ein Missbrauch setzt voraus, dass das Informationsbegehren nicht den Zwecken des UIG und der Umweltinformationsrichtlinie dient, wie sie insbesondere im ersten Erwägungsgrund der Richtlinie zum Ausdruck kommen (VGH Kassel, Urt. v. 20.03.2007 – 11 A 1919/06, UPR 2007, 312; VG Ansbach, Urt. v. 31.05.2006- AN 11 E 0601185, Rdn. 24). Die Arbeitskraft einer Behörde kann nach Ansicht des BVerwG auch dann in missbräuchlicher Weise beansprucht werden, wenn ein Antrag zu Zwecken gestellt wird, die nicht vom Gesetz gedeckt werden (BVerwG, Urt. v. 24.09.2009 – 7 C 2.09, NVwZ 2010, 189). Ein missbräuchlicher Antrag kann insoweit auch vorliegen, wenn die Arbeitsfähigkeit und –effektivität der Verwaltung durch die Antragstellung nicht beeinträchtigt wird.

Unterschieden wird zwischen einem behördenbezogenen und einem verwendungsbezogenen Missbrauch (BVerwG, Urt. v. 24.09.2009 – 7 C 2.09, NVwZ 2010, 189; OLG Köln, Urteil v. 15.12.2006 – 6 U 229/05; Reidt/Schiller, in: Landmann/Rohmer, Umweltrecht, Bd. III, § 3 Rdn. 55).

Ein verwendungsbezogener Missbrauch liegt nicht bereits dann vor, wenn der Antragsteller die begehrten Informationen auch kommerziell (zum Nachteil Dritter) nutzen möchte, etwa bestimmte technische Daten der Industrieanlage eines Konkurrenten (Reidt/Schiller, in: Landmann/Rohmer, Umweltrecht, Bd. III, § 3 Rdn. 55; a.A. OVG Münster, Urt. v. 27.09.1993 – 21 A 2565 – 92 –, ZUR 1994, 253). Denn derartige Zielsetzungen eines Antragstellers sind Gegenstand der in § 9 Abs. 1 UIG zum Schutz sonstiger Belange genannten Ablehnungsgründe. Als verwendungsbezogener Missbrauch wird z. B. eine systematische Sammlung von Informationen über ein Konkurrenzunternehmen angesehen, um sie gegen dies Unternehmen gezielt zu verwenden.

Der Nachweis eines verwendungsbezogenen Missbrauchs dürfte regelmäßig schwer fallen, weil der Antragsteller kein konkretes Interesse zur Begründung seines Informationsanspruchs vortragen muss.

Für einen behördenbezogenen Missbrauch nennt die Gesetzesbegründung den Fall, dass der Antragsteller bereits über die beantragten Informationen verfügt. Es geht dementsprechend um Fälle, in denen Arbeitszeit und Arbeits-

kraft der informationspflichtigen Stelle missbräuchlich in Anspruch genommen werden sollen (BVerwG, Urt. v. 24.09.2009 – 7 C 2.09 –, NVwZ 2010, 189). Die Rechtsprechung spricht auch dann von einem behördenbezogenen Missbrauch, wenn sich der Antragsteller die Informationen unschwer und ohne unzumutbaren Aufwand auch auf andere Weise beschaffen kann (VG München, Urt. v. 26.09.1995 – M 16 K 93 44 44, NVwZ 1996, 410, 411). Ein behördenbezogener Missbrauch soll außerdem dann vorliegen, wenn der Antrag offensichtlich zum Zwecke der Verzögerung eines Verwaltungsverfahrens gestellt wurde.
Voraussetzung für die Ablehnung eines solchen Informationsanspruchs ist es allerdings, dass der Missbrauch auch offensichtlich ist. Aus Sicht eines objektiven Dritten muss dementsprechend der Missbrauch ohne nennenswerte Restzweifel ins Auge springen. Die Darlegungslast liegt hierfür bei der informationspflichtigen Stelle, die sich auf den Ablehnungsgrund beruft.

II. Schutz sonstiger Belange

Das Informationsbegehren kann auch zum Schutz sonstiger Belange abgelehnt werden.
Nach § 9 Abs. 1 S. 1 UIG ist der Antrag abzulehnen, wenn durch das Bekanntgeben der Information

- personenbezogene Daten offenbart und dadurch Interessen der Betroffenen erheblich beeinträchtigt würden,
- Rechte am geistigen Eigentum, insbesondere Urheberrechte, durch das Zugänglichmachen von Umweltinformationen verletzt würden
- Betriebs- oder Geschäftsgeheimnisse zugänglich gemacht würden oder die Informationen dem Steuergeheimnis oder dem Statistikgeheimnis unterliegen.

Diese Ablehnungsgründe zum Schutz sonstiger Belange gelten nicht, wenn die Betroffenen zugestimmt haben oder wenn das öffentliche Interesse an der Bekanntgabe überwiegt.

Der Zugang zu Umweltinformationen über Emissionen einer Anlage kann nach § 9 Abs. 1 S. 2 UIG nicht unter Berufung auf den Schutz personenbezogener Daten oder den Schutz von Betriebs- und Geschäftsgeheimnissen abgelehnt werden.
Vor einer Entscheidung über die Offenbarung der durch § 9 Abs. 1 S. 1 Nr. 1 bis 3 UIG geschützten Informationen sind die Betroffenen anzuhören.

1. Personenbezogene Daten

Nach § 9 Abs. 1 S. 1 Nr. 1 UIG ist der Antrag auf Zugang zu Umweltinformationen ganz oder teilweise abzulehnen, soweit durch das Bekanntgeben der Informationen

- personenbezogene Daten offenbart
- und dadurch die Interessen der Betroffenen erheblich beeinträchtigt würden, es sei denn, die Betroffenen haben zugestimmt oder das

öffentliche Interesse an der Bekanntgabe überwiegt.

§ 9 Abs. S. 1 Nr. 1 UIG trifft eine bereichsspezifische Spezialregelung zum Datenschutz und geht dem Datenschutzrecht in seinem Anwendungsbereich vor. Die Bestimmungen des Datenschutzrechts können jedoch als Auslegungshilfe herangezogen werden.

Personenbezogene Daten sind nach § 3 Abs. 1 BDSG Einzelangaben über persönliche oder sachliche Verhältnisse einer bestimmten oder bestimmbaren natürlichen Person.
Unerheblich ist, ob es sich um Daten aus dem Bereich der persönlichen Lebensführung oder aus dem Bereich der beruflichen oder sonstigen wirtschaftlichen Betätigung handelt.
Datenschutz greift nur zugunsten natürlicher Personen, nicht zugunsten juristischer Personen ein. § 9 Abs. 1 S. 1 Nr. 1 UIG ist daher nur anwendbar, sofern die begehrten Informationen einer natürlichen Person zugeordnet werden können, etwa einem privaten Grundstückseigentümer. Soweit es um Daten geht, die sich auf juristische Personen beziehen, insbesondere auf Unternehmen, die in Form einer juristischen Person betrieben werden, greift der Ablehnungsgrund nicht ein.
Regelmäßig sind Umweltinformationsbegehren über Flächendaten nicht ausdrücklich auf eine namentliche Benennung der Eigentümer gerichtet, sondern auf eine „flurstückscharfe" Bezeichnung der betreffenden Grundstücke. Dennoch kann es sich insofern um personenbezogene Daten handeln, denn § 3 Abs. 1 BDSG und § 9 Abs. 1 S. 1. Nr. 1 UIG erfassen neben den persönlichen auch die sachlichen Verhältnisse einer Person.

Zu den Informationen über die sachlichen Verhältnisse einer Person können auch Umweltdaten gehören, die über die Grundstücksbezeichnung einem im Eigentum oder im Besitz einer natürlichen Person stehenden Grundstück zugeordnet werden können, z. B. bestimmte Boden- oder Gewässerverunreinigungen (VGH München, B. v. 22.11.2000 – 22 ZE 00.2779, NVwZ 2001, 342 (343); VG Arnsberg, Urt. v. 29.11.2007 – 7 K 3982/06, juris, Rn. 46 ff.; VG Braunschweig, Urt. v. 14.01.2009 – 2 A 121/08, ZUR 2009, 211 f.; VG Schleswig, Urt. v. 03.09.2009 – 12 A 131/07, NuR 2010, 438 (439); OVG Koblenz, B. v. 03.11.2009 – 12 F 11054/08, NVwZ 2009, 477 f.). Derartige Angaben beziehen sich zwar in erster Linie auf das Grundstück, sie treffen aber auch eine Aussage über die sachlichen Verhältnisse des Grundstückseigentümers oder -besitzers.

Fraglich ist, wann von einer erheblichen Beeinträchtigung der Interessen der Betroffenen auszugehen ist.

Beispiel zur Aussaat von gentechnisch verändertem Saatgut

Eine nur entfernte Möglichkeit drohender Gewaltaktionen oder wirtschaftlicher Boykottmaßnahmen reicht nicht aus, um erbetene und vorhandene Angaben zurückzuhalten, weil sonst die nach dem UIG zu offenbarenden Informationen in den meisten Fällen dieser Art nicht bekannt gegeben würden, was eine Umkehr des vom Gesetzgeber gewollten Regel-/Ausnahmeverhältnisses zur Folge hätte. Notwendig sind vielmehr konkrete Anhaltspunkte für solche Beeinträchtigungen (VG Braunschweig, Urt. v. 14.01.2009 – 2 A 121/08, ZUR 2009, 211).

2. Betriebs- oder Geschäftsgeheimnisse

Als Betriebs- und Geschäftsgeheimnisse werden alle auf ein Unternehmen bezogenen Tatsachen, Umstände und Vorgänge verstanden, die nicht offenkundig, sondern nur einem begrenzten Personenkreis zugänglich sind und an deren Nichtverbreitung der Betriebsinhaber ein berechtigtes Interesse hat.

Betriebsgeheimnisse betreffen insofern die technische, Geschäftsgeheimnisse die kaufmännische Seite eines Unternehmens.

Die Annahme eines Betriebs- oder Geschäftsgeheimnisses setzt voraus:

- Zusammenhang mit einem Geschäftsbetrieb,
- fehlende Offenkundigkeit,
- Geheimhaltungsinteresse,
- Geheimhaltungswille.

Ein berechtigtes Interesse an Geheimhaltung besteht, wenn die Offenlegung der Information geeignet ist, exklusives technisches oder kaufmännisches Wissen den Marktkonkurrenten zugänglich zu machen und so die Wettbewerbsposition des Unternehmens nachteilig zu beeinflussen.

Die informationspflichtige Stelle hat in der Regel von einer Betroffenheit im Sinne des § 9 Abs. 1 S. 1 Nr. 3 UIG wegen der Gefahr der Offenbarung von Betriebs- und Geschäftsgeheimnissen auszugehen, soweit übermittelte Informationen als Betriebs- und Geschäftsgeheimnisse gekennzeichnet sind. Soweit die informationspflichtige Stelle dies verlangt, haben mögliche Betroffene gem. § 9 Abs. 1 S. 5 UIG im einzelnen darzulegen, dass ein Betriebs- oder Geschäftsgeheimnis vorliegt. Als Betriebs- und Geschäftsgeheimnis wurden z.B. anerkannt

- Input und Output einer Abfallentsorgungsanlage (VG Saarland, Urt. v. 18.10.2002, AbfallR 2003, 99),

Die Informationen dürfen allerdings nur insoweit verweigert werden, als tatsächlich Betriebs- und Geschäftsgeheimnisse bestehen; im Zweifel müssen die entsprechenden Akten geschwärzt oder Aktenteile entfernt werden.

III. Freiwillige Informationen

Umweltinformationen, die private Dritte einer informationspflichtigen Stelle übermittelt haben, ohne rechtlich dazu verpflichtet zu sein oder rechtlich verpflichtet werden zu können und deren Offenbarung nachteilige Auswirkung auf die Interessen der Dritten hätte, dürfen ohne deren Einwilligung anderen nicht zugänglich gemacht werden, es sei denn, das öffentliche Interesse an der Bekanntgabe überwiegt.

Bei der Interessenabwägung kann u. a. berücksichtigt werden, ob der Antragsteller in erster Linie eigene Interessen verfolgt und ein Nutzen für den Umweltschutz allenfalls als Nebenprodukt abfällt oder ob letzterer im Vordergrund steht (BVerwG, Urt. vom 24.09.2009 – 7 C 2.09 –, NVwZ 2010, 189).

Es bedarf in jedem Einzelfall einer Ermittlung, Bewertung und Gewichtung der einem Informationsbegehren gegenüberstehenden Ablehnungsgründe. Auch ist zu klären, ob dem Antrag zumindest teilweise stattgegeben werden kann, ob z. B. durch eine Anonymisierung bestimmter Akteninhalte berechtigten Geheimhaltungsansprüchen Rechnung getragen werden kann.

G. Verfahren

I. Antrag

Umweltinformationen werden auf Antrag zugänglich gemacht. Der Antrag muss nach § 4 Abs. 2 UIG erkennen lassen, zu welchen Umweltinformationen der Zugang gewünscht wird.

Ist der Antrag zu unbestimmt, so ist dem Antragsteller dies innerhalb eines Monats mitzuteilen und Gelegenheit zur Präzisierung des Antrags zu geben. Kommt der Antragsteller der Aufforderung zur Präzisierung nach, beginnt der Lauf der Frist zur Beantwortung von Anträgen neu. Die Informationssuchenden sind bei der Stellung und Präzisierung von Anträgen nach § 4 Abs. 2 S. 4 UIG zu unterstützen. An die Konkretisierungspflicht des Antragstellers dürfen keine zu hohen Erwartungen gestellt werden. Es reicht aus, den Zugang zu allen Umweltinformationen eines bestimmten Vorgangs zu beantragen (OVG Münster, Urt. v. 27.06.2007 – 8 B 922/07 –, NVwZ 2008, 235).

Wünscht jemand z. B. Einsicht in eine Akte, die neben Umweltinformationen auch andere Daten enthält, dann kann von ihm nicht verlangt werden, die Umweltinformationen genau zu bezeichnen, denn er will sich ja erst über den Inhalt der Akte unterrichten (BVerwG, Urt. v. 25.03.1999 – 7 C 21/98, NVwZ 1999, 1220).

Sofern der Zugangsantrag eine Anfrage nach Weiterverwendung enthält oder für die informationspflichtige Stelle erkennbar mit kommerziellem Hintergrund gestellt wird, beginnt mit dem Zugangsantrag gleichzeitig ein Verfahren auf Weiterverwendung nach dem IWG.

II. Erfüllungsfristen

Soweit ein Anspruch auf Zugang zu den begehrten Umweltinformationen besteht, sind die Umweltinformationen der antragstellenden Person unter Berücksichtigung etwaiger von ihr angegebener Zeitpunkte, spätestens jedoch mit Ablauf eines Monats zugänglich zu machen.

Sind die begehrten Umweltinformationen derart umfangreich und komplex, dass die Monatsfrist nicht eingehalten werden kann, müssen die Informationen mit Ablauf von zwei Monaten zur Verfügung gestellt werden. Über die Geltung der längeren Frist ist der Antragsteller spätestens mit Ablauf der Monatsfrist unter Angabe der Gründe zu unterrichten.

Die Entscheidung, den Zugang zu den begehrten Informationen zu eröffnen, kann Rechte Dritter betreffen, insbesondere die gesondert geschützten Rechte auf Datenschutz, Urheberrechte und Betriebs- und Geschäftsgeheimnisse. Bevor einem Anspruch stattgegeben wird, der in diesem Sinne Rechte Dritter beeinträchtigen kann, sind die Drittbetroffenen nach § 28 VwVfG anzuhören (§ 9 Abs. 1 S. 3 UIG).

III. Entscheidung über den Antrag

Am Ende des Verfahrens ist einerseits über den gestellten Antrag zu entscheiden. Zum anderen ist, wenn dem Antrag stattgegeben wird, die begehrte Information zugänglich zu machen.

1. Stattgabe

Wird dem gestellten Antrag voll stattgegeben und sind auch keine Dritten betroffen, kann beides zusammen fallen und der Antragsteller erhält mit dem Bescheid zugleich die erwünschten Informationen. In diesem Fall braucht der Bescheid auch keine Begründung und keine Belehrung über Rechtsschutzmöglichkeiten enthalten (§ 39 Abs. 2 Nr. 1 VwVfG, 59 VwGO).

Wenn allerdings dem Antrag nur teilweise stattgegeben wird oder wenn Dritte betroffen sind, muss zwischen der Entscheidung über den Antrag und der Zugänglichmachung der Information unterschieden werden.

2. Ablehnung

Wird der Antrag ganz oder teilweise abgelehnt, ist der Antragsteller gem. § 5 Abs. 1 S. 1 UIG innerhalb eines Monats bzw. bei umfangreichen und komplexen Umweltinformationen innerhalb von zwei Monaten darüber zu unterrichten.

Eine Ablehnung liegt nach § 5 Abs. 1 S. 2 UIG auch dann vor, wenn nach § 3 Abs. 2 UIG der Informationszugang auf andere Art gewährt oder die antragstellende Person auf eine andere Art des Informationszugangs verwiesen wird. Dem Antragsteller sind die Gründe für die Ablehnung mitzuteilen.

Wenn der Antrag schriftlich gestellt wurde oder der Antragsteller dies beantragt, muss die Ablehnung nach § 5 Abs. 2 S. 1 UIG in schriftlicher Form erfolgen. Sie ist auf Verlangen dem Antragsteller auch in elektronischer Form mitzuteilen, wenn der Zugang hierfür eröffnet ist. Liegt ein Ablehnungsgrund vor, sind die hiervon nicht betroffenen Informationen nach § 5

Abs. 3 UIG zugänglich zu machen, soweit es möglich ist, die betroffenen Informationen auszusondern. In aller Regel wird deshalb eine vollständige Verweigerung der begehrten Informationen nicht zulässig sein. Ggf. müssen bestimmte Informationen geschwärzt werden.

H. Rechtsschutz

Für Streitigkeiten nach dem UIG ist der Verwaltungsrechtsweg gegeben. Rechtsmittel können Antragsteller, deren Informationsbegehren ganz oder teilweise abgelehnt worden ist, und Drittbetroffene, deren Rechte durch die Bekanntgabe der Information beeinträchtigt werden können, einlegen.

I. Rechtsschutz des Antragstellers

Dem Antragsteller ist nach § 5 Abs. 4 UIG im Falle der vollständigen oder teilweisen Ablehnung eines Antrags auch über die Rechtschutzmöglichkeiten gegen die Entscheidung sowie darüber zu belehren, bei welcher Stelle und innerhalb welcher Frist um Rechtschutz nachgesucht werden kann.

1. Entscheidung durch eine Stelle der öffentlichen Verwaltung

Gegen die Entscheidung durch eine Stelle der öffentlichen Verwaltung ist gem. § 6 Abs. 2 UIG ein Widerspruchsverfahren durchzuführen.
Erst nach erfolglosem Widerspruchsverfahren kann Verpflichtungsklage mit dem Ziel, die Behörde zu verpflichten, die gewünschte Information zu erteilen, erhoben werden.

2. Entscheidung durch private Person

Ist der Antragsteller der Auffassung, dass sein Anspruch von einer informationspflichtigen Stelle nach § 2 Abs. 1 Nr. 2 UIG nicht vollständig erfüllt worden ist, kann er die Entscheidung der informationspflichtigen Stelle nach § 6 Abs. 4 S. 1 UIG überprüfen lassen. Die Überprüfung ist allerdings nach § 6 Abs. 3 S. 2 UIG nicht Voraussetzung für die Erhebung einer Klage.

3. Einstweilige Anordnung

Grundsätzlich kann der Antragsteller, wenn ihm die begehrte Information verweigert wird, eine einstweilige Anordnung beantragen. Voraussetzung für den Erfolg des Eilrechtsschutzes ist ein Anordnungsanspruch und ein Anordnungsgrund.

Der Anordnungsanspruch ergibt sich aus § 3 UIG.

Der Anordnungsgrund besteht, wenn der Antragsteller glaubhaft machen kann, dass der Erlass einer einstweiligen Anordnung zur Abwehr unzumutbarer Nachteile erforderlich ist.
Der dafür geltend zu machende Anordnungsgrund ist zumeist problematisch, weil der Erlass der einstweiligen Anordnung zu einer Vorwegnahme der Hauptsache führt. Eine solche Vorwegnahme der Hauptsache durch Verpflichtung zur Erteilung der Information im Wege einer einstweiligen Anordnung setzt voraus, dass dem Antragsteller ohne Erlass der einstweiligen Anordnung schwere und unzu-

mutbare Nachteile entstünden, zu deren Beseitigung das Hauptsacheverfahren nicht mehr in der Lage wäre.

Das ist bei einem Umweltinformationsanspruch wohl nur selten glaubhaft zu machen. Hinsichtlich der Presseberichterstattung kann im Einzelfall auf die Eilbedürftigkeit einer aktuellen Berichterstattung hingewiesen werden.

II. Rechtsschutz Drittbetroffener

Gem. § 9 Abs. 1 S. 3 UIG sind Dritte, deren Geheimhaltungsinteressen betroffen sein könnten, vor einer Entscheidung, die Information an den Antragsteller zu übermitteln, anzuhören.

Aus Gründen des gebotenen effektiven Rechtsschutzes muss den Drittbetroffenen die Möglichkeit eingeräumt werden, sich gegen die Entscheidung der informationspflichtigen Stelle mit Rechtsmitteln zu wehren.
Bei Entscheidung durch eine Stelle der öffentlichen Verwaltung sind Widerspruch und Anfechtungsklage geboten. Bei Entscheidungen privater Personen kommt eine Leistungsklage in Form einer Unterlassungsklage in Betracht.

III. Schluss

Im demokratischen Staat, in dem die Staatsgewalt vom Volk aus geht, stehen sich Verwaltung und Bürger nicht als Gegner gegenüber. Vielmehr dient die Verwaltung dem Bürger und seiner Freiheitsverwirklichung. Hoheitlich gesammelte und vorgehaltene Informationen sind insoweit kein Selbstzweck. Staatliche Informationsgewinnung und -verarbeitung dient den Interessen des Bürgers. Mit einer im Dienste des Bürgers stehenden Staatsverwaltung ist eine Geheimhaltung von Informationen der Verwaltung unvereinbar. Der Zugang zu Verwaltungsinformationen ist Vorbedingung für eine wirksame politische Teilhabe, aber auch für eine Kontrolle der Verwaltung.

In den Erwägungen der Verordnung (EG) Nr. 1049/2001 des Europäischen Parlaments und des Rates vom 30.05.2001 über den Zugang der Öffentlichkeit zu Dokumenten des Europäischen Parlaments, des Rates und der Kommission heißt es dazu, Transparenz ermögliche eine bessere Beteiligung der Bürger am Entscheidungsprozess und gewährleiste eine größere Legitimität, Effizienz und Verantwortung der Verwaltung gegenüber dem Bürger in einem demokratischen System. Transparenz trage zur Stärkung der Grundsätze der Demokratie und der Achtung der Grundrechte bei, die in Art. 6 des EU-Vertrags und in der Charta der Grundrechte der Europäischen Union verankert seien. Das hat sich noch nicht überall herumgesprochen.

Martin Meuthen:
Tipps für Informationsansprüche nach dem Umweltinformationsgesetz (UIG)

Was sind Umweltinformationen

Als Umweltinformationen gelten Daten

- über den Zustand der Umwelt (Gewässer, Luft, Boden, Tier- und Pflanzenwelt sowie der natürlichen Lebensräume).
- über Emissionen, die sich auf die Umwelt auswirken (Lärm, Energie, Strahlung von Funkanlagen, Abfälle, ...).
- die die Umsetzung des Umweltrechtes betreffen.
- über die Vergabe von Beihilfen und Subventionen.
- über den Zustand der menschlichen Gesundheit.

Wer hat Anspruch auf Information

Jede natürliche Person. Aber auch Vereine, Verbände und Vereinigungen wie Bürgerinitiativen können Anfragen stellen. Laut dem Umweltministerium des Landes NRW haben auch GmbHs, AGs und politische Parteien einen Anspruch auf Umweltinformationen.

Für Journalisten ist es sinnvoll, ihren Anspruch im eigenen Namen geltend zu machen und nicht nur im Namen des jeweiligen Medienunternehmens.

Im Gegensatz zum Informationsfreiheitsgesetz (IFG) muss ein Antrag nach dem UIG nicht begründet werden. Journalisten sollten ihr Informationsbegehren dennoch begründen – etwa durch öffentliches Interesse. Dadurch steigen die Chancen, dass der Antrag nicht abgelehnt wird.

Informationsanspruch gegen wen

Informationspflichtig nach dem UIG des Bundes sind Behörden, Einrichtungen und sonstige Stellen des Bundes. Entsprechend informationspflichtig sind die Landesbehörden nach den jeweiligen UIGs der Länder.

Natürliche oder juristische Personen des Privatrechts (GmbHs, AGs, Vereine und Stiftungen) sind ebenfalls zu Information verpflichtet, sofern sie öffentliche Dienstleistungen erbringen oder öffentliche Aufgaben wahrnehmen, die im Zusammenhang mit der Umwelt stehen.

Laut Umweltbundesamt sind die oberen Bundesbehörden wie etwa Ministerien jedoch nicht auskunftspflichtig, soweit sie mit der Gesetzgebung oder dem Erlass von Rechtsverordnungen befasst sind.

Art der Information

Die Art und Weise der Umweltinformationen reicht von einer einfachen mündlichen Auskunft (kostenlos) über die Akteneinsicht (ebenfalls kostenlos) bis hin zur umfangreichen Anfertigung von Kopien. Letzteres kann im Zweifelsfall teuer werden. Deswegen sollte man seinen Antrag nicht nur möglichst präzise formulieren, sondern auch mit der Bitte um einen Kostenvoranschlag (max. 50 Euro) versehen.
Der Antragsteller kann nicht verlangen, dass die Behörde ihm die Akten mit der gewünschten Information für eine bestimmte Zeit überlässt. Bei der Akteneinsicht muss allerdings die Anfertigung von Kopien muss ermöglicht werden.

Laut Umweltinformationskostenverordnung des Bundes (UIGKostV) können je nach gewünschter Informationsart folgende Kosten entstehen:

- „Erteilung einer umfassenden schriftlichen Auskunft auch bei Herausgabe von Duplikaten": bis 250 Euro
- „Erteilung einer schriftlichen Auskunft bei Herausgabe von Duplikaten, wenn im Einzelfall bei außergewöhnlich aufwendigen Maßnahmen zur Zusammenstellung von Unterlagen, insbesondere zum Schutz öffentlicher oder privater Belange, in zahlreichen Fällen Daten ausgesondert werden müssen": bis 500 Euro

- Kopie DIN-A4: 0,10 Euro
- Abgefilmte Akte, pro Seite: 0,25 Euro

Je nach Bundesland variieren die Gebühren sowohl nach oben als auch nach unten. In Hamburg und Nordrhein-Westfalen kann es ratsam sein, sich mit seinem Anliegen an anerkannte Naturschutzverbände zu wenden. Diese sind bei umfangreicheren Informationsbegehren von den entstehenden Gebühren befreit. Das gilt allerdings nicht für die Anfertigung von Datenträgern wie Kopien.

Das „Umweltportal Deutschland" (www.portalu.de) hält darüber hinaus aktuelle Umweltinformationen des Bundes und der Länder bereit. Deren Abruf ist ebenfalls gebührenfrei.

- Wie komme ich an die Information?

Für einfache Anfragen reicht ein Anruf. Umfangreichere Anfragen sollten in einem formlosen Antrag an die informationspflichtige Behörde gestellt werden. Der Antrag sollte möglichst präzise sein, und die Art der gewünschten Information bereits enthalten (Akteneinsicht oder Zusendung der Daten).

Die Behörde prüft daraufhin, ob sie die Informationen hat und ob der Antrag ggf. abgelehnt werden kann (schutzwürdige Interessen Dritter, laufende Gerichtsverfahren,...).

Wann kann der Antrag abgelehnt werden

Wenn der Antrag ganz oder teilweise abgelehnt wird muss die Behörde den Antragsteller darüber innerhalb eines Monats informieren.

Ein Antrag kann abgelehnt werden,

- wenn er nicht ausreichend präzise formuliert ist. In diesem Fall muss die Behörde dem Antragsteller Gelegenheit zur Präzisierung geben, und ihn dabei auch unterstützen.
- wenn die Information nicht in der gewünschten Art und Weise zur Verfügung gestellt werden kann (etwa weil sie noch vervollständigt wird).
- wenn die Akten sich nicht bei der entsprechenden Stelle befinden. In diesem Fall kann der Antragsteller nicht verlangen, dass die gewünschten Informationen herbeigeschafft werden.
- öffentliche Belange gefährdet sind (Verteidigung, Schutzgüter der öffentlichen Sicherheit, laufende Gerichtsverfahren, usw...).
- sonstige Belange gefährdet werden (personenbezogene Daten der Betroffenen, Betriebs- und Geschäftsgeheimnisse,...).

Klassische Ablehnungsgründe stellen Betriebs- und Geschäftsgeheimnisse und der Schutz privater Belange. Dazu zählen vor allem personenbezogene Daten.

Als Betriebs- und Geschäftsgeheimnisse gelten alle Informationen, an deren Nichtverbreitung der Inhaber eines Betriebes ein berechtigtes Interesse hat (z. B. detaillierte Informationen über technisches Knowhow, das einen Konkurrenten in eine bessere Wettbewerbsposition versetzt). Dabei ist immer fraglich, was tatsächlich als Betriebs- und Geschäftsgeheimnis anerkannt wird.

Aus Sicht der Firmen betrifft dies so ziemlich alle Informationen über den jeweiligen Betrieb. Daher sollte man neben einem UIG-Antrag nach bereits vorhandenen Akten recherchieren, wie zum Beispiel den Antragsunterlagen für ein öffentliches Genehmigungsverfahren. Da diese bereits öffentlich sind, können sie nicht mehr als geheimhaltungsbedürftig deklariert werden.

Was tun bei einer Ablehnung

Wurde der Antrag aufgrund des Schutzes öffentlicher, oder sonstiger Belange abgelehnt, haben Journalisten gegenüber anderen Bürgern einen Vorteil, weil sie mit dem öffentlichen Informationsinteresse argumentieren können. Hier muss in jedem Einzelfall geprüft werden, ob das öffentliche Interesse an der Bekanntgabe dem Schutz der Daten überwiegt.

Informationen über die Emissionen einer Anlage (Lärm, Schadstoffe, Funkstrahlung, usw.) dürfen grundsätzlich nicht verweigert werden – weder aufgrund personenbezogener Daten oder Geschäftsgeheimnisse, noch zum Schutz öffentlicher Belange. Allerdings gibt es hier wieder eine Ausnahme: Sollte die Veröffentlichung der Daten sich negativ auf internationale Beziehungen, die Verteidigung, die öffentliche Sicherheit oder ein laufendes Gerichtsverfahren auswirken, kann der Antrag abgelehnt werden.

Die Informationen, die vom Grund der Ablehnung nicht betroffen sind, müssen dem Antragssteller zugänglich gemacht werden (§5 Abs. 3 UIG). Allerdings steht im UIG auch ein entscheidender Zusatz: „soweit es möglich ist".

Rechtsschutz

Sollte ein Antrag komplett oder teilweise abgelehnt werden, muss die Behörde den Antragsteller darüber informieren, wie man sich wo juristisch zur Wehr setzen kann und in welcher Frist dies zur erfolgen hat.

Für Rechtsstreitigkeiten nach dem UIG ist der sogenannte Verwaltungsrechtsweg gegeben. Gegen Ablehnung kann ein Widerspruchsverfahren aufgenommen werden. Das dürfte für Journalisten in der Regel jedoch zu viel Zeit in Anspruch nehmen.
Für Medienvertreter stellt sich daher die Frage nach einem Eilverfahren. Im Gegensatz zu einem Jedermann können Journalisten mit dem öffentlichen Informationsinteresse argumentieren. Für das Eilverfahren und die sogenannte einstweilige Anordnung gibt es zwei Voraussetzungen:

- Zum einen braucht der Antragssteller einen Anordnungsanspruch, der sich aus dem UIG selber ergibt, da man ja Anspruch auf Umweltinformationen hat – insbesondere in der Rolle eines Journalisten.
- Zum anderen braucht man einen Anordnungsgrund, aus dem sich das sogenannte Eilbedürfnis ergibt, das der Antragssteller geltend machen kann. Auch hier können Journalisten mit dem Faktor Zeit (eilbedürftig) und dringendem öffentlichen Informationsinteresse besser argumentieren als normale Bürger.

Eine einstweilige Anordnung kann jedoch abgewiesen werden mit der Begründung, dass dadurch die Hauptsache vorweg genommen wird. Daher ist es umso wichtiger, im Falle einer einstweiligen Anordnung einen triftigen Grund bzw. ein überragendes öffentliches Interesse glaubhaft zu vermitteln.

Fact-Checking: Journalistische Sorgfaltspflicht in der Praxis

Bericht über den Vortrag von Bertram Weiß: Dem Fehler auf der Spur
von ANJA FRENZEL und STEFAN KLEIBER

Medien sind gehalten, die Informationen, die sie verbreiten, sorgfältig auf ihren Wahrheitsgehalt zu überprüfen. Dieser Beitrag soll Journalisten bestärken, ein tragkräftiges, dichtes Sicherheitsnetz unter ihre Arbeiten zu spannen. Denn der Nachweis der sorgfältigen Recherche ist eine effektive Versicherung gegen Anfechtungen – auch juristische.

Sorgfaltspflicht und Recht

Explizite Regelungen zur journalistischen Sorgfaltspflicht finden sich in den medienrechtlichen Vorschriften der Bundesländer. In ihnen wird in der Regel gefordert, Nachrichten vor ihrer Verbreitung mit der nach den Umständen gebotenen Sorgfalt auf Wahrheit und Herkunft zu prüfen.[1] Sanktionen drohen bei einer Verletzung dieser Pflicht allerdings nur, wenn diese dazu führt, dass individuelle Rechte verletzt werden. So kann der von der Berichterstattung Betroffene beispielsweise Strafantrag stellen und Schmerzensgeld verlangen, wenn über ihn ohne hinreichende Recherche unwahre ehrverletzende Tatsachenbehauptungen verbreitet werden.
Sorgfältige Recherche hingegen beseitigt den Schuldvorwurf und damit sowohl die Strafbarkeit wie auch die zivilrechtliche Haftung auf Schadensersatz und Schmerzensgeld. Erhalten bleiben dem Betroffenen in einem solchen Fall lediglich Unterlassungs- und Richtigstellungsansprüche.[2]
Zusätzlich zur Wahrhaftigkeit gilt es im Bereich des Zivilrechtes auch Persönlichkeitsrechte zu wahren. In welche Sphäre (Sozial-, Privat-, Intim-, ...) der Journalist in Abwägung mit dem öffentlichen Informationsinteresse vordringen darf, muss er in jedem einzelnen Fall sorgfältig prüfen.
Journalisten sollten deshalb:

1) Die Rechtsgrundlagen ihres Handelns kennen und beachten.
2) Im journalistischen Alltag sorgfältig arbeiten.

---

[1] Vgl. beispielhaft § 6 Landespressegesetz NRW, § 31 Abs. 5 Landesmediengesetz NRW. Gleichlautende Vorschriften finden sich in allen Bundesländern.
[2] vgl.: Branahl 2009, S. 279 und S. 266ff

Gute Gründe für sorgfältige Arbeit

Nicht nur aus juristischer Sicht ist Sorgfalt geboten. Auch medienethisch spricht einiges dafür, Quellen, Fakten sowie den sorgsamen Umgang mit beidem im Auge zu behalten. Denn: Wer falsche Aussagen trifft,

- trägt zu deren Verbreitung bei,
- setzt seine Glaubwürdigkeit aufs Spiel,
- riskiert juristische Folgen.[3]

Immer wieder untermauern wissenschaftliche Studien, dass im Bereich der journalistischen Sorgfalt noch vieles verbessert werden kann. Untersuchungen, ob die in einem Medienbericht dargestellten Fakten richtig oder falsch sind, gibt es in vielen Ländern schon recht lange. In den Vereinigten Staaten ist die Forschungsgeschichte auf diesem Gebiet mehr als 70 Jahre alt; schon Mitte der 30er Jahre sind dort erstmals Zeitungen systematisch auf Fehler hin untersucht und miteinander verglichen worden.[4]

Dabei zeigt sich, dass Journalisten heute im Wesentlichen noch immer die gleichen Fehler machen wie früher: Nach wie vor sind die Schreibweise von Namen und die korrekte Berufsbezeichnung beliebte Stolperfallen. Auch die bisherige jahrzehntelange Forschung hat nicht dazu beigetragen, die Situation bis heute wesentlich zu verbessern.

Die jüngste und umfangreichste Studie zur Richtigkeit von journalistischen Inhalten stammt aus den Vereinigten Staaten und wurde im Jahr 2005 veröffentlicht. Über einen Zeitraum von zwei Jahren untersuchten Scott R. Maier von der University of Oregon und Philip Meyer von der University of North Carolina 7.600 Nachrichtenmeldungen aus insgesamt 22 US-Zeitungen. Ihre Vorgehensweise: Sie kopierten die Meldungen aus den Zeitungen heraus und schickten sie an alle Hauptquellen, auf die sich der Artikel vorrangig berief. Beispielsweise waren das bei Berichten über Gerichtsverhandlungen meist die Staatsanwaltschaft und die beteiligten Anwälte. Die Autoren der Studie bezogen Texte aus praktisch allen Ressorts ein. Antwort erhielten die Forscher in 68 Prozent der Fälle – für eine empirische Studie ist das recht viel.[5]

Die Ergebnisse der Untersuchung waren erschreckend: Fast 50 Prozent aller Nachrichten wiesen mindestens einen Fakten-Fehler auf, beispielsweise einen falsch geschriebenen Namen oder Titel, falsche Zahlen oder Ortsnamen. Mehrere Fehler waren die Regel: Jede Nachricht enthielt im Schnitt drei Fehler oder Ungenauigkeiten. Derartige Fehler-

---

[3] Weiß, Bertram: Dem Fehler auf der Spur. Vortrag auf der nr-Fachkonferenz „Grauzone Presserecht", Erich-Brost-Institut für Internationalen Journalismus, Dortmund, 30.10.2010.

[4] vgl. Fact-Checking 2010, S. 15

[5] vgl. ebd., S.15

quoten hatte es in der 70-jährigen Forschungsgeschichte noch nie gegeben.[6]

Art	Anzahl	Schwere
Zitat	690	3.01
Überschrift	482	3.09
Zahlen	423	2.83
Rechtschreibung	330	1.94
Berufsbezeichnung	279	2.57
Name	113	3.11
Ort	90	2.93
Zeit	71	2.75
Datum	71	3.07
Adresse	56	3.30
Alter	46	2.57

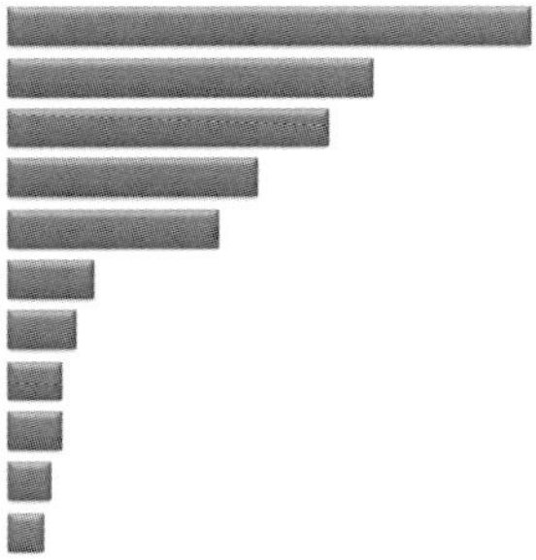

Tabelle 1: Fakten-Fehler[7]

Mit Abstand am häufigsten, nämlich in 20 Prozent aller Fakten-Fehler, kam es vor, dass Personen in den Nachrichten falsch zitiert wurden. Das geht aus der Tabelle oben hervor. Die Spalte „Schwere" bezieht sich auf eine Angabe im Fragebogen, bei der die Befragten die gefundenen Fehler gewichten sollten. Insgesamt fällten sie dabei ein eher mildes Urteil: Die Skala reichte von Stufe 1 für „geringfügiger Fehler" bis Stufe 7 für „schwerer Fehler".[8] Interessant ist an den Ergebnissen auch, dass insbesondere die Überschrift oft ungenau oder fehlerhaft war und dass sich trotz automatischer Korrekturfunktionen in der Textverarbeitung offenbar noch immer zahlreiche Rechtschreibfehler in die Artikel einschleichen.

Scott Maier und Philip Meyer fragten in ihrer Studie aber nicht nur die reinen Fakten-Fehler ab. Ebenso wichtig war ihnen das, was man als „subjektive Fehler" bezeichnen könnte – Textteile, bei denen rein handwerklich alles korrekt war, die aber aus Sicht der Quelle irreführend, unvollständig oder anderweitig zu beanstanden waren. In rund 30 Prozent der Fälle wurde bemängelt, dass Informationen im Artikel nicht auftauchten, die nach Ansicht der

Art	Anzahl	Schwere
Wichtige Infos fehlen	918	3.03
Verzerrte Aussagen	699	2.90
Geschichte hochgespielt	603	3.22
Irreführende Zahlen	419	3.12
Geschichte verharmlost	348	2.95

Tabelle 2: Subjektive Fehler[9]

[6] vgl. ebd. S. 16
[7] Tabelle und Grafik nach: Fact-Checking 2010, S.16
[8] vgl. ebd., S.16
[9] Tabelle und Grafik nach: ebd., S.17

Quelle wichtig waren. 23 Prozent der subjektiven Fehler betrafen verzerrte Aussagen.[10] Hier ging es darum, dass Aussagen nach Ansicht der Quelle aus dem Kontext gerissen wurden oder mit einer unangemessenen Wertung versehen wurden. Bei der Bewertung dieser Zahlen ist allerdings zu berücksichtigen, dass Journalisten und Quellen unterschiedlicher Meinung sein können, ob eine Darstellung als fehlerhaft zu bewerten ist oder nicht.

Die Ergebnisse dieser Studie werden durch solche Meinungsunterschiede allerdings kaum relativiert. Maier und Meyer konfrontierten nämlich die Autoren auch mit den Ergebnissen der Fragebögen zum jeweiligen Artikel und baten sie um eine Einschätzung, wie es zu den Fehlern kommen konnte. Dabei zeigte sich: Weniger als ein Prozent gaben Mängel der Quelle als Ursache an. Demgegenüber stellte sich heraus, dass bei einem Viertel der Artikel der Autor nicht verstanden hatte, worüber er schrieb.

Auch für Europa gibt es wissenschaftliche Studien, die zwar meist kleiner, methodisch aber mit jener aus den Staaten vergleichbar sind. Das European Journalism Observatory nahm sich etwa die Tageszeitungen in Italien und der Schweiz vor.[12] Die Fehlerrate lag hier sogar noch höher als in den Vereinigten Staaten, auch wenn die Ergebnisse wegen der teils geringen Beteiligung[13] mit Vorsicht zu genießen sind.

Praktische Vorgehensweisen

Aus den Forschungsergebnissen lässt sich ableiten, dass auf dem Gebiet des Fact-Checkings noch einiges an Arbeit notwendig ist, damit die Fehlerquote in Medienberichten sinkt. Ansätze, wie man den Wahrheitsgehalt von Informationen insgesamt verbessern kann, gibt es viele, und bestimmte Vorgehensweisen haben sich dabei inzwischen als

Art	Anz.	Prozent
Mangel an Verständnis	520	25,9
Druck durch Abgabefristen	379	18,9
Unzureichende Recherche	346	17,3
Nicht genug Fragen gestellt	254	12,7
Ereignisse waren verwirrend	252	12,6
Die falschen Fragen gestellt	243	12,1
Faulheit	198	9,9
Druck wegen Konkurrenz	135	6,7
Quelle lieferte falsche Infos	18	0,9

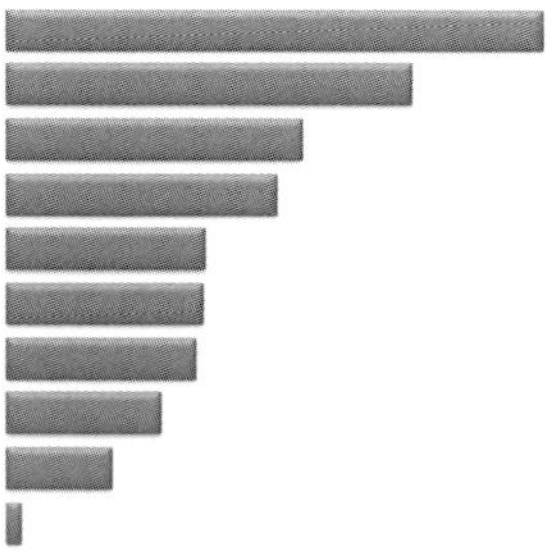

Tabelle 3: Ursachen für Fehler[11]

[10] vgl. Fact-Checking 2010, S. 17

[11] Tabelle und Grafik nach: ebd., S.18

[12] vgl. ebd., S. 19

[13] Aus Italien meldeten sich beispielsweise nur 15 Prozent der angeschriebenen Quellen zurück; bei der U.S.-Studie waren es 68 Prozent gewesen.

besonders wirkungsvoll erwiesen. Allerdings ist die Umsetzung oft mit Problemen verbunden; wer Fehler vermeiden will, stößt dabei fast zwangsläufig auf Hindernisse. Manche davon fußen sogar auf kommunikationswissenschaftlichen Erkenntnissen, die sich nicht einfach so umgehen lassen.

Bei aller Gründlichkeit können den Journalisten – insbesondere bei Verdachtsäußerungen und Werturteilen – vielfach Zweifel bleiben. Der Rechercheur befindet sich auf der Suche nach Objektivität und Wahrheit. Jedoch gibt es weder Wahrheit noch Objektivität. Eine Annäherung an die Wahrheit kann durch Wahrhaftigkeit, also das „kollektive“ Für-Wahr-Nehmen einer Aussage aus unterschiedlichsten Blickwinkeln, erfolgen. Das bedeutet gleichermaßen auch eine Annäherung an Objektivität. Denn es gibt eben nicht die eine Sicht der Dinge. Ähnlich einem Polizisten bei der Aufnahme eines Verkehrsunfalls kann der Journalist durch Konsultation möglichst vieler – subjektiver – Zeugen, also Quellen, versuchen, einen Sachverhalt zu definieren.
Daraus resultiert ein journalistisches Produkt, welches den Anforderungen an Wahrhaftigkeit und Intersubjektivität[14] auch in seinen Formulierungen standhalten sollte. Durch kritisches Prüfen und Hinterfragen kann der Journalist sein Produkt verbessern. Es lohnt sich jedoch auch, den Beitrag gegenlesen zu lassen – denn vier Augen sehen mehr als zwei.
Im angloamerikanischen Raum führte dies im Journalismus zu einer starken Aufgabenteilung innerhalb der Redaktionen.[15] Die einfachste Form der Ausdifferenzierung ist auch schon in einigen deutschen Redaktionen bekannt: die Trennung von Editor und Reporter. Ein radikalerer Schritt zur Objektivierung erfolgt durch die „personelle Trennung von Erkennen, Prüfen und Bewerten der Realität.“[16]

Ein Weg zu mehr Intersubjektivität und Wahrhaftigkeit, den man auch ohne grundlegende Umstrukturierung der Redaktionen beschreiten kann, ist die Gründung einer Fact-Checking-Abteilung. Diese kann die im Text enthaltenen „Fakten“[17] auf ihre Richtigkeit und Belegbarkeit überprüfen. So kann durch Konsultation unterschiedlicher Quellen ein Fakt verifiziert werden. Zu journalistischer Sorgfalt gehört für diese Prüfabteilung aber auch, die vom Journalisten zusammengetragenen Rechercheergebnisse auf Vollständigkeit zu prüfen. Werden alle Fakten hinlänglich

[14] Etwa die Sichtweise, die von möglichst vielen Beobachtern eingenommen wird. Eine Art geteilte Schnittmenge der subjektiven Sichtweisen.
[15] Fact-Checking 2010, S.10
[16] ebd. S. 11
[17] Im Folgenden werden unter dem Begriff „Fakten“ Tatsachenbehauptungen, Werturteile und Verdacht-säußerungen zusammengefasst. Diese Ausdrucksweise soll die Lesbarkeit des Textes verbessern. Es ist zwar wichtig, die drei Sachverhalte voneinander zu trennen und juristisch nicht sauber, sie „in einen Topf zu werfen“, doch sind, wie bereits dargestellt wurde, für alle drei Fälle ähnliche Regeln zu beachten.

belegt? Liegen alle Quellen vor, auf die sich ein Journalist beruft? Hierzu gehört nicht nur die Überprüfung der im Text genannten Quellen, sondern auch derer, die durch journalistische Verknappung keinen Platz im zu veröffentlichenden Text gefunden haben. Weiterhin muss überprüft werden, ob das Weglassen dieser Belege legitim ist oder zu einer Verzerrung der Inhalte führt.

Gegen diese Vorgehensweise sprechen vor allem ökonomische Gründe. Denn Fact-Checking ist langwierig, mühsam und teuer. Es kostet Arbeitszeit, denn es bedarf intensiver Recherche, um seine volle Wirkung zu entfalten. Dadurch wird es zum erheblichen Kostenfaktor. Bislang haben laut Dr. Hauke Janssen, dem Leiter der SPIEGEL-Dokumentation, nur wenige deutsche Medien eine eigene Fact-Checking-Abteilung.[18] Diese hat den besonderen Vorteil, dass sie nicht im direkten Kontakt zu den Recherchierenden steht. Dadurch werden keine persönlichen Belange oder Beziehungen berührt. Die Kollegen sind frei in ihrer Prüfentscheidung und sollten nicht durch Hierarchien o. ä. abgeschreckt werden. Jedoch kann diese wechselseitige Unabhängigkeit auch zu Nachlässigkeiten führen. Die recherchierenden Kollegen stehen gegebenenfalls unter Zeitdruck und arbeiten unsauberer, weil sie bestimmte Fakten nicht genau recherchieren und es der Fact-Checking-Abteilung überlassen, dies nachzubessern.

Zudem ist unklar, ob diese Maßnahmen vom Nutzer honoriert werden. Wird etwas Falsches publiziert, führt das meist zu Reaktionen aus dem Publikum. Diese Auswirkungen sind spürbar. Eine Reaktion auf das Verbreiten wahrer Inhalte ist hingegen das Ausbleiben solcher Rückmeldungen – quasi eine Nicht-Reaktion, die sich folglich auch schlecht messen lässt. Ausbleibende Publikumsreaktionen sind auch ein schwaches Argument, um die Einführung einer solchen Instanz voranzutreiben. Der gute Ruf einer Zeitung ist schlecht messbar. Und Abonnentenzahlen werden vielleicht durch gute Qualität nicht in dem Maße ansteigen wie sie durch schlechte zurückzugehen drohen.

Vorbeugen ist besser als das Nachsehen zu haben

Eine wirksame Maßnahme zur Sensibilisierung der Journalisten für das wichtige Thema der Sorgfalt ist es, diesen Punkt bereits fest in die Journalistenausbildung zu integrieren. So geschehen an der Fontys Hogeschool Journalistiek im niederländischen Tilburg.[19] Dort überprüfen Journalistik-Studierende die Veröffentlichungen namhafter Journalisten auf ihren Wahrheitsgehalt. Im Anschluss werden die Autoren der Texte mit den Recherchen der Studenten konfrontiert. Dadurch können auf beiden Seiten wichtige Erkennt-

[18] Fact-Checking 2010, S.91
[19] Fact-Checking 2010, S.55ff

nisse zur journalistischen Arbeitsweise und den im Alltag auftretenden Fehlerquellen gewonnen werden. Diese Arbeit findet für etwa 100 Studierende pro Jahrgang in einem fest im Curriculum verankerten Rechercheseminar statt. Das Konzept wurde im September 2008 eingeführt. Es ist verpflichtend für alle Studierenden und findet im letzten Jahr des Bachelor-Studiums statt.[20] An der Hamburg Media School wurde ein ähnliches Seminar erstmals im Herbst 2009 angeboten. Dort ist es allerdings erst Teil des Master-Studiums. Einige Erkenntnisse, die sowohl in Tilburg als auch in Hamburg gewonnen wurden, beziehen sich auf Störfaktoren im journalistischen Arbeitsalltag. Folgende Fehlerquellen wurden ermittelt:

- Zeitdruck
- fehlende Ressourcen
- personelle Überlastung
- Wettbewerbszwänge
- Exklusivitätsdruck
- trügerische Leichtigkeit der Internet-Recherche
- unzuverlässige Quellen (Sekundärquellen)[21]

Diese Ergebnisse sind für erfahrene Journalisten vermutlich wenig verwunderlich. Dennoch sind sie wichtige Indizien dafür, dass der Fehler als systemimmanent anzusehen ist und vermutlich allzu oft „hingenommen" wird. Die Fehlerquellen zu beseitigen hieße, das System Journalismus oder zumindest das System Redaktion konsequent zu hinterfragen und zu verändern.

Als Musterbeispiel für gelungenes Fact-Checking wird oft das Nachrichtenmagazin DER SPIEGEL herangezogen, der es geschafft hat, eine eigene Abteilung dafür sinnvoll in den Redaktionsablauf zu integrieren. Der angesprochene ökonomische Faktor, also dass eine solche Abteilung Ressourcen in Form von Personal und Arbeitszeit verschlingt, lässt sich daran besonders gut erkennen: Heute sind beim SPIEGEL etwa 70 Angestellte allein damit beschäftigt, alle Informationen in Artikeln zu prüfen und gegebenenfalls zu korrigieren.[22] Hierarchien, Zuständigkeiten und Workflow sind dabei im Betriebsablauf genau definiert. Zuständig fürs Fact-Checking ist beim SPIEGEL die Dokumentationsabteilung.

Autoren übergeben beim SPIEGEL ihr fertiges Manuskript an die Fact-Checker; auch die Bilder und Bildunterschriften müssen zu diesem Zeitpunkt schon feststehen, weil sie ebenfalls überprüft werden. Außerdem müssen die Autoren sämtliche Quellen und das Ausgangsmaterial, das sie ihrerseits für die Recherche verwendet haben, mit übergeben. So soll auch dem oben erwähnten Problem begegnet werden,

---

[20] ebd.

[21] ebd., S. 59

[22] vgl.: S.94

Journalisten könnten bei vorhandener Fact-Checking-Abteilung nachlässig werden, weil ihre Informationen ja ohnehin noch einmal überprüft werden.[23]
Die Fact-Checker prüfen dann alle Tatsachenbehauptungen auf hauptsächlich drei Aspekte: die historische Entwicklung des Themas auch mit Blick auf die Rechtslage, frühere SPIEGEL-Berichte zum Thema und die Verarbeitung des Themas in anderen Medien. Für jeden Schwerpunkt, etwa Politik oder Medizin, gibt es in der Abteilung Experten. Beim Prüfen der Fakten greifen die Dokumentare häufig auf Nachschlagewerke, das Internet und diverse Datenbanken zurück.[24] Oft wird nicht Zeile für Zeile geprüft, sondern die Informationen im Text werden gewichtet und dann nach Relevanz und Brisanz geordnet auf Richtigkeit hin untersucht. Das hängt auch davon ab, wie viel Zeit im Einzelfall für die Dokumentation zur Verfügung steht.[25] Fact-Checker müssen sich dabei stets an bestimmte Regeln halten:

Auszug aus den SPIEGEL-Richtlinien für das Fact-Checking [26]

- Das zu überprüfende Manuskript wird gelesen und jede überprüfbare Sach- oder Personenangabe unterstrichen.
- Für richtig, unrichtig, nicht festzustellen etc. Werden bestimmte, normierte Zeichen verwendet.
- Richtige Angaben werden abgehakt. Sind Korrekturen erforderlich, werden sie mit den üblichen Korrekturzeichen (Duden) am Rand in roter Schrift vorgenommen.
- Bei sachlichen Korrekturen und bei Zitaten ist die Quelle anzugeben.
- Von der Redaktion ausgeführte Änderungen werden abgehakt, die anderen als „n. ü." (nicht übernommen) gekennzeichnet.
- Zur Verifikation sind auch andere, wenn möglich bessere Quellen, als die vom Autor heranzuziehen.
- Als verifiziert kann nur gelten, was mit zuverlässigen Quellen oder von Experten bestätigt worden ist.
- Widersprechen Quellen den Angaben des Autors, muss dieser bei der Übergabe darauf aufmerksam gemacht werden, ebenso darauf, wenn Fakten nicht verifiziert werden konnten.
- Informanten der Redaktion, die Objekt einer Geschichte sind, dürfen nur nach Absprache mit der Redaktion befragt werden.
- Schwierige Passagen werden vom fachlich zuständigen Referat gegengelesen.

---

[23] vgl. ebd. S.95
[24] vgl. ebd.
[25] vgl. ebd. S.98
[26] Fact-Checking 2010, S.98

Interessant am Arbeitsablauf der SPIEGEL-Dokumentation ist, dass er für Journalisten sehr gut als Vorbild fürs Korrekturlesen der eigenen Texte dienen kann – auch wenn er bei einem Medium ohne eigene Fact-Checking-Abteilung arbeitet oder freiberuflich tätig ist. DER SPIEGEL hält nämlich auch Richtlinien bereit für Fälle, in denen umfangreiches Fact-Checking nicht möglich ist[27], die dem vertretbaren Arbeitsaufwand für die selbstständige Korrektur schon recht nahe kommenΣ

Fact-Checking unter Zeitdruck: Die Basis-Checks [28]

Der Quellen-Check
- Ist es eine gute Quelle?
- Ist die Quelle belastbar?
- Bin ich an der Originalquelle?
- Gibt es weitere oder abweichende Quellen?

Der Plausibilitäts-Check
- Kann die Nachricht so stimmen?
- Gab es bereits ähnliche Meldungen?
- Welche Nachrichtenlage lag / liegt zugrunde?
- Wie ist die Nachricht / These einzuordnen?
- Kontext und Wertigkeit: Wie ist die bisherige Berichterstattung zum Thema?

Der Fakten-Check
- Stimmen die einzelnen Informationen?
- Stimmen die Namen?
- Stimmen die Zahlen?
- Stimmen die Bezeichnungen?
- Stimmen die Zeitbezüge?

Ist selbst für diese schon stark verknappten Kontrollen mit den drei Basis-Checks keine Zeit oder Arbeitskraft vorhanden, orientieren sich die Dokumentare an einem Schluss-Check, der helfen soll, zumindest grobe Fehler zu vermeiden[29]:

Der Schluss-Check: An alles gedacht? [30]

Namen checken:
- Alle Vor- und Nachnamen richtig?
- Korrekte Funktion?

Fakten kritisch beäugen:
- Stimmen die Zahlen / Fakten mit der Quelle überein?
- Fachbegriffe und Zeitbezüge gecheckt?
- Orte und regionale Bezüge?

Justitiabilität hinterfragen:
- Habe ich bei Vorwürfen konfrontiert?
- Sind die Sachverhalte wasserdicht dargestellt?

Quellen prüfen:
- Habe ich alle Quellen vorliegen?
- Sind alle Fakten / Quellen belegbar?

---

27 vgl. ebd.
28 ebd. S.99
29 vgl. ebd. S.99f
30 Fact-Checking 2010, S.99

Vier-Augen-Prinzip:
- Hat jemand den Text gegengelesen?

Rechtschreibprüfung im Auge behalten.

Bei allem Lob, das der SPIEGEL für sein System zur Faktenkontrolle bekommt, darf man allerdings auch nicht vergessen, dass derart ausgeprägte Kompetenzen bislang nur in wenigen Redaktionen vorhanden sind. Insbesondere Lokalredaktionen werden sich eine eigene Abteilung kaum leisten können – obwohl gerade dort richtige Informationen wichtig sind, weil die Zielgruppe mit lokalen Themen in der Regel gut vertraut ist und folglich Fehler eher als solche erkennen kann. Im Übrigen ist das Fact-Checking beim SPIEGEL nur deswegen so intensiv möglich, weil die Redaktion seit Gründung[31] auf die Erstellung eines umfangreichen Archivs geachtet hat und somit die Dokumentationsabteilung schon in den Wurzeln des Magazins angelegt war.[32] Für Redaktionen, die auf ein solches historisch gewachsenes Selbstverständnis nicht zurückgreifen können, ist die Etablierung einer eigenen Fact-Checking-Abteilung daher entsprechend schwieriger. Und auch wenn der SPIEGEL eine solche Abteilung hat: Fehlerfrei ist er natürlich trotzdem nicht.

Fazit

Alle in diesem Band zusammengetragenen Hinweise sollen zeigen, welche Stromschnellen es im journalistischen Alltag zu umschiffen gilt, um sicher und wohlbehalten ans Ziel zu kommen, ohne etwas von seiner Fracht zu verlieren. Dabei legt sich die Sorgfalt wie eine Klammer um all diese Ratschläge. Sie hält alles sicher zusammen und hilft auch im Falle der juristischen Auseinandersetzung, Ruhe und Vertrauen in die eigene Arbeit zu bewahren.

Es gilt: Fact-Checking...

... ist sinnvoll zur Sicherung von Tatsachenbehauptungen, Werturteilen und Verdachtsäußerungen.
... beinhaltet auch die umfangreiche Beweissicherung und Recherchedokumentation.
... bedeutet im Alltag mindestens saubere Dokumentation und Anwendung des Vier-Augen-Prinzips.
... ist immer auch eine Frage der Disziplin.
... zahlt sich insbesondere bei brisanten Themen in jedem Fall aus.

Quellen:
Branahl, Udo: Medienrecht. Eine Einführung. 6. überarbeitete undaktualisierte Auflage, Wiesbaden 2009
Fact Checking: Fakten finden, Fehler vermeiden. Dokumentation zur nr-Fachkonferenz im SPIEGEL-Redaktionsgebäude in Hamburg am 27. und 28.März 2010. Erschienen in der Reihe nr-Werkstatt unter der Nr. 16, Juni 2010
Weiß, Bertram: Dem Fehler auf der Spur. Vortrag auf der nr-Fachkonferenz „Grauzone Presserecht“, Erich-Brost-Institut für Internationalen Journalismus, Dortmund, 30.10.2010.

[31] im Jahre 1947; die Erstausgabe erschien am 4. Januar.
[32] vgl. ebd. S. 91

David Schraven: Auskunftsanspruch gegen öffentliche Unternehmen

Dokumentiert von SARAH SAUER und GERRIT VON NORDHEIM

Die folgenden Praxisbeispiele sollen die wichtigsten Argumente verdeutlichen, die Journalisten beim Auskunftsanspruch gegenüber öffentlichen Unternehmen auf ihrer Seite haben.

Unternehmen = Behörde?

Bevor ein Reporter anfangen kann, die städtische Bädergesellschaft, den örtlichen Energieversorger oder den regionalen Touristenverein mit Auskunftsansprüchen zu nerven, muss er zunächst klären, ob das öffentliche Unternehmen auch als Behörde definiert werden kann. Das ist wichtig: Denn gegen Behörden bestehen Auskunftsansprüche nach den Landespressegesetzen oder nach dem Informationsfreiheitsgesetz, die gerichtlich durchgesetzt werden können. Kann ich also begründen, dass ein öffentliches Unternehmen zwar in einer juristischen Form etwa als GmbH auftritt, aber von seiner Funktion her als Behörde gesehen werden kann, dann kann ich weitreichende Auskünfte verlangen. Die Maßstäbe für die Gleichsetzung von einem öffentlichem Unternehmen mit einer Behörde hat der Bundesgerichtshof (BGH) in einem Urteil (III ZR 294/04) aus dem Jahr 2005 definiert.

Demnach gilt als Behörde, gegen die ein Auskunftsanspruch besteht, jedes Unternehmen, das zwei Voraussetzungen erfüllt:

1. Es muss öffentliche Aufgaben wahrnehmen.
2. Es muss öffentlich kontrolliert werden.

Zu 1.

Aufgaben der Daseinsvorsorge[1] sind dabei nur ein Teil der öffentlichen Funktionen, die eine Firma übernehmen kann. Alles, was man sich im Rathaus

---

[1] Daseinsvorsorge ist ein verwaltungsrechtlicher Begriff. Er umschreibt die staatliche Aufgabe zur Bereitstellung der für ein sinnvolles menschliches Dasein notwendigen Güter und Leistungen die sogenannte Grundversorgung. Dazu zählt als Teil der Leistungsverwaltung die Bereitstellung von öffentlichen Einrichtungen für die Allgemeinheit, also Verkehrs- und Beförderungswesen, Gas-, Wasser-, und Elektrizitätsversorgung, Müllabfuhr, Abwasserbeseitigung, Bildungs- und Kultureinrichtungen, Krankenhäuser, Friedhöfe, Bäder usw.

vorstellen kann, kann eine öffentliche Aufgabe sein, zum Beispiel Spaßangebote – etwa Bäder – oder Kultur, Freizeit und Sport.

Zu 2.
Firmen stehen immer unter öffentlicher Kontrolle, wenn die Mehrheit der Gesellschaft von der öffentlichen Hand kontrolliert wird – zum Beispiel durch eine mehrheitliche Beteiligung der Stadt in der Gesellschafterversammlung oder wenn der Stadtrat die Geschäftsführung bzw. die Besetzung des Aufsichtsrates bestimmt. Da kann die Gesellschaftsform der öffentlichen Firma aussehen, wie sie will. Und die verantwortlichen Politiker und Veraltungsinsider sagen, was sie mögen.

Das ist aber noch nicht alles: Öffentliche Kontrolle kann auch anders begründet werden. Zum Beispiel, wenn Entscheidungen der Gesellschaft mit dem Stadtrat, der Verwaltung oder mit dem Bürgermeister rückgekoppelt werden müssen.

Selbst wenn kein direkter Einfluss über Stadträte und Landesparlamente besteht, sondern die Gesellschaft nur mittelbar über die Exekutive staatlich kontrolliert wird, kann sie als Behörde mit entsprechenden Auskunftspflichten gelten.

Das gilt beispielsweise auch für eine Tourismus GmbH, die aus mehreren öffentlichen Teilhabern (Land, Kommune, Landschaftsverband) besteht. Selbst wenn sie eine Satzung hat, nach der ihre Eigentümer wie ein Verein organisiert sind. In jedem Fall kann eine solche Firma als Behörde definiert werden.

Um einen Auskunftsanspruch gegenüber einer Gesellschaft geltend zu machen, muss der Journalist also zunächst eine öffentliche Kontrolle eben dieser nachweisen können. Wie streng oder weitreichend die Behördendefinition letztendlich umgesetzt wird, erschließt sich jedoch erst im konkreten Einzelfall.

Wie schwierig im Detail die Abwägung werden kann, zeigt sich etwa am Beispiel eines Tierschutzvereines. So ein Verein übernimmt Aufgaben, die sonst die Stadt übernehmen müsste. Dafür bekommt er Zuschüsse. Die Frage ist: kann der Verein damit als Behörde angesehen werden?

Eine mögliche Argumentationsstruktur, um den Verein zur Behörde zu machen, sieht so aus: Die öffentliche Aufgabe ist gegeben, eben durch den Tierschutz. Damit wäre der oben genannte 1. Punkt aus den Vorgaben des BGH erfüllt. Dann könnte man auch argumentieren, die öffentliche Kontrolle sei gegeben über die Gewährung der Gelder aus dem städtischen Haushalt, die das Überleben des Vereines garantieren. Eine faktische Kontrolle des Vereines durch die Stadt könnte so begründet werden. Wer zahlt, kann bestimmen. Damit wäre Punkt 2 aus den Vorgaben des BGH erfüllt.

Man könnte also behaupten, der Verein sei eine Behörde.

Andererseits kann der Verein seine Machtstrukturen eigenständig festlegen und frei über sein Vermögen bestimmen. Er unterliegt also in seinen Strukturen und Entscheidungen nicht der öffentlichen Kontrolle durch die Stadt. Punkt 2 aus den Vorgaben des BGH wäre bei dieser Argumentation also nicht erfüllt.

Man kann also genauso behaupten, der Verein sei keine Behörde.

Im Zweifel müssen die Gerichte entscheiden, welcher Argumentation sie folgen.

Am einfachsten wäre es in einem solchen Fall die eindeutige Variante zu wählen. Man fragt bei der Stadt nach, wie die Finanzierung des Tierschutzvereines aussieht und wie die Mittel konkret im Einzelfall verwendet wurden. Die Stadt muss auf jeden Fall Auskunft über die Zuwendungen an den Verein geben.

Kontrolle durch Sperrminorität

Ein weiterer schwieriger Punkt ist der, ob die öffentliche Kontrolle eines Unternehmens auch durch eine minderheitliche Beteiligung der öffentlichen Hand gegeben ist.

Eine daraus resultierende Sperrminorität, kombiniert mit staatlichen Auflagen (wie sie zum Beispiel für die Betreiber von Stromnetzen bestehen) könnte eventuell genügen, um eine staatliche Kontrolle und damit einen Auskunftsanspruch zu begründen. Dies ist oft in kommunalen Firmen der Fall und einfach darlegbar. Etwa bei Müllunternehmen.

Auch hier lohnt es sich also auf seinen Auskunftsansprüchen zu beharren:

Nun einige wegweisende Urteile aus der Praxis, die zeigen können, was machbar ist, wenn man erst bewiesen hat, dass eine öffentliche Gesellschaft eigentlich eine Behörde ist:

Praxisbeispiele:

BGH-Urteil vom 10. Februar 2005
Generell lässt sich sagen, dass alle Behörden auskunftspflichtig sind. Die einzigen Ausnahmen regeln die Landespressegesetze. Zu der Frage, was genau Behörden sind, gibt es, wie bereits erwähnt, dieses Grundsatzurteil des Bundesgerichtshofs:

Darum ging es
Der Bund der Steuerzahler wollte wissen, ob Presseberichte der Wahrheit entsprachen, nach denen die Sitzungsgelder des Aufsichtsrates eines kommunalen Energieversorgers vervierfacht wurden. Darüber hinaus wurde über die Höhe der Gelder Auskunft verlangt.

Die betreffende Firma gehörte in einem Schachtelkonstrukt zu rund 70 Prozent den Kommunen und ansonsten Eon.

Wichtigster Leitsatz des BGH-Urteils, der sich in vielen anderen Urteilen wiederfindet und in den Begründungen eines Auskunftsanspruches verwendet werden kann:

Überall dort, wo zur Wahrnehmung staatlicher Aufgaben öffentliche Mittel eingesetzt werden, besteht ein berechtigtes öffentliches Interesse daran, von der konkreten Verwendung öffentlicher Mittel Kenntnis zu erlangen.

Auch in der Behörden-Definition bestätigte der BGH die Legitimität des Auskunftsbegehrens:

Unter diesem Gesichtspunkt ist den Landespressegesetzen ein eigenständiger Behördenbegriff zu eigen, der auch juristische Personen wie eine GmbH erfaßt, deren die öffentliche Hand sich zur Erfüllung öffentlicher Aufgaben bedient. Dabei ist nicht erforderlich, daß sich die GmbH vollständig – unmittelbar oder mittelbar – in öffentlicher Hand befindet. Es reicht aus, daß die GmbH von der öffentlichen Hand beherrscht wird.

Vor diesem Hintergrund musste auch die beklagte Firma (die nicht vollständig im Besitz der Kommune war) Auskunft erteilen:

Die Auskunftspflichten des beklagten Unternehmens waren weitreichend und bilden zugleich eine verlässliche Grundlage für weitere Fälle. Sie sind für jedes kommunale Mitglied bindend.

Das musste gesagt werden

- Wie häufig tritt der Aufsichtsrat zusammen?
- Wie ist er im Einzelnen besetzt?
- Sind die Sitzungsgelder erhöht worden?
- Wenn ja, wie hoch sind sie jetzt?
- Welche zusätzlichen Belastungen entstehen durch eine Erhöhung?
- Auf welche Höhe belaufen sich die bislang gezahlten Sitzungsgelder?

Das BGH-Urteil ebnete vielen weiteren Recherchen den Weg: So konnte ein Journalist beispielsweise jüngst in Erfahrung bringen, wie viel Geld die hochsubventionierte Bergwerksgesellschaft RAG ihren Aufsichtsratmitgliedern (u. a. Oberbürgermeister, Landtagspräsident) gezahlt hat und wie lang ihre Sitzungen jeweils dauerten. So wurde die Unverhältnismäßigkeit zwischen der Sitzungsdauer und der Bezahlung ans Licht der Öffentlichkeit gebracht. Mit erheblichen politischen Konsequenzen.

U-Bahn-Urteil 2001 (Verwaltungsgericht Düsseldorf, I K 6481/99)

Hier geht es zwar nicht um eine GmbH, trotzdem ist der Urteilsspruch – wie wir sehen werden – relevant für den Auskunftsanspruch gegenüber Unternehmen.

Darum ging es

Eine Stadt hat eine U-Bahn gebaut und für dieses Vorhaben einen Gutachter bestellt. Der Journalist wollte wissen, wie hoch das Honorar des Gutachters war. Diese Aussage wurde ihm jedoch, mit Verweis auf das Geschäftsgeheimnis, verweigert.

Das Urteil
Nicht der Oberbürgermeister legt fest, was ein Geschäftsgeheimnis ist (bzw. analog dazu der Geschäftsführer einer GmbH), sondern das Landespressegesetz.

Die Begründung
Es muss eine Abwägung stattfinden zwischen dem Grundrecht der Pressefreiheit und dem Persönlichkeitsrecht (davon abgeleitet das Interesse an der Geheimhaltung persönlicher und betriebsinterner Daten). Hieraus leitet sich die Frage ab, ob ein Honorar als Betriebsgeheimnis schwerer wiegt als die Pressefreiheit.

Nach mehreren Abwägungsschritten entschied das Gericht, das dies nicht der Fall ist. Ein Honorar ist ein Festbetrag, der keinen Rückschluss zulässt auf Kalkulationen, Fremdvergaben, Umsätze, Kosten oder andere Interna eines Unternehmens. Es wird lediglich Auskunft darüber gegeben, wie viel Geld aus Steuermitteln eine Firma für einen Auftrag bekommen hat. Damit wiegt der Geheimhaltungsschutz über dieses Honorar weniger als die Pressefreiheit, sagt das Gericht.

Das musste gesagt werden
- Wie hoch war das dem Gutachter gezahlte Honorar?

Praxisbeispiel – Förderbank-Urteil Bayern 2006 (Bayerischer Verwaltungsgerichtshof, 7 BV 05.2582)

Von zentraler Bedeutung in diesem Urteil ist, dass selbst das Bankgeheimnis in der Abwägung mit der Pressefreiheit nicht immer schwerer wiegt.

Darum ging es
Im Zuge der Restrukturierung der Schneider AG hat die Förderbank in das zerschlagene Unternehmen investiert und Großaktienpakete gekauft. Später beklagte die Bank millionenschwere Verluste und über Abschreibungen von Darlehensforderungen kämen noch weitere Verluste hinzu. Die Journalistin Renate Daum wollte Auskunft über den Aktiendeal.

Das Urteil
Zuerst stellte das Gericht fest, dass eine Förderbank, die Förderaufgaben wahrnimmt, eine Behörde nach BGH-Urteil ist – denn sie nimmt staatliche Aufgaben wahr. Jede Landesbank hat einen Förderauftrag inne. Andernfalls dürften sie nach EU-Gesetzgebung gar nicht in Landesbesitz bleiben.
Durch die Verbindung von Abhängigkeiten des Beklagten zum Staat lässt sich darüber hinaus eine öffentliche Kontrolle begründen. Das Gericht stützt dabei seine Ansicht über die staatliche Kontrolle auf eine differenzierte Auflistung der Abhängigkeitsträger – zum Beispiel durch die Nennung der entsprechenden Aufsichtsräte oder der gesetzlichen

Abhängigkeiten des Unternehmens. Damit gelangte das Gericht zum nächsten Schritt: der Abwägung im Sinne der Landespressegesetze. Hier wurden nun, wie schon im Düsseldorfer U-Bahn-Urteil die Verschwiegenheitspflichten der Bank gegen den presserechtlichen Auskunftsanspruch der Journalistin abgewogen: Da das Landespressegesetz kein Bankgeheimnis als Ausnahmetatbestand zur Auskunftsverweigerung kennt, hat der BVG abgewogen zwischen dem öffentlichen Interesse auf Auskunft und dem Interesse der privaten Kunden der Bank.

Hierbei kam es dem Gericht darauf an, genau die staatliche Aufgabe der Bank zu prüfen –den Teil also, indem die Bank als Behörde tätig ist: demnach können nach Ansicht des Gerichtes Auskünfte über die konkrete Verwendung und Gewährung von Subventionen verlangt werden – nicht aber über Teile des Geschäfts, in denen die Bank nicht ihren staatlichen Förderauftrag erfüllt.

Zum Begriff „Subvention" lässt sich an dieser Stelle anmerken, dass er nicht klar definiert ist und daher Auslegungssache darstellt. Neben der reinen Zuwendung von Geld kann unter diesem Begriff beispielsweise auch die Vermeidung von Kosten etwa für Zinszahlungen unter Umständen als Subvention verstanden werden und damit einen Auskunftsanspruch gegenüber einer Bank begründen.

Das musste gesagt werden

Bemerkenswert ist die Liste der Auskünfte, zu denen die Bank in Folge der Abwägung des Gerichtes verurteilt wurde:

- Anschaffungskosten der Aktien durch die Bank
- Stückzahl und Preise der Aktien, zu denen sie veräußert wurden
- Antwort auf die Frage: Entsprachen die Gegenleistungen den marktüblichen Preisen?
- Offenlegung interner Aktienoptionsprogramme für den Vorstand.

In ähnlicher Weise wären auch die Sparkassen angreifbar. Als „Spardosen" der Kommunen sind auch sie Behörden im funktionalen Sinne.

Zusammenfassend formuliert, besteht das „Problem" also darin, dass Behörden die Auskunft oftmals auf Basis ihrer gesetzlichen Geheimhaltungsvorschriften verweigern. Der Auskunftsanspruch des Journalisten ist jedoch ein messerscharfes Schwert, weil er sich direkt aus dem Grundgesetz ableitet und damit etliche Verschwiegenheitspflichten von Behörden einfach aushebelt, da diese nur auf untergeordnete Rechte wie etwa dem Beamtenrecht fußen.

Was man bei aller Freude über das Urteil jedoch beachten muss: Die Förderbank in Bayern ist als Körperschaft des öffentlichen Rechts organisiert. Deshalb war das Verwaltungsgericht für diesen Fall zuständig. Ob aber das Verwaltungsgericht auch so entschieden hätte, wenn es sich nicht um eine Körperschaft des öffentlichen Recht sondern um eine Aktiengesellschaft gehandelt hätte, lässt sich nicht sagen.

Praxisbeispiel – Das RWE-Aktien-Urteil (Verwaltungsgericht Arnsberg 12 K 1088/08 und 12 K 136/08)

Darum ging es

Die Kommunen haben in NRW jahrzehntelang verbreitet, sie besäßen 25 Prozent des Energieversorgers RWE, sodass sie RWE mittels Sperrminorität vor einer feindlichen Übernahme bewahren könnten. Aus dieser Begründung heraus haben sie die kommunale Besetzung von fünf (von 20) Aufsichtsratsplätzen legitimiert. Und so gemeinsam mit den Gewerkschaften Gestaltungsmehrheiten im Konzern RWE organisiert.

Ich wollte überprüfen, ob die Kommunen tatsächlich 25 Prozent der RWE-Aktien hielten. Und ob damit die Forderung nach fünf kommunalen Aufsichtsratsmitlgiedern gerechtfertigt war.

Aktionärsbücher oder ähnliche Dokumente konnte ich nicht einsehen. Deshalb habe ich alle Kommunen, von denen ich wusste, dass sie einmal Aktien besessen hatten oder noch besaßen, angeschrieben und eine entsprechende Auskunft auf Basis des jeweiligen Landespressegesetzes verlangt – Insgesamt waren das etwa 160 Kommunen:

Die Fragen lauteten: „Wie viele Aktien haben Sie am xy. 2006 besessen? Wann wurden Aktien seither verkauft? Wie viele Aktien halten Sie aktuell und ist es geplant, Aktien in Zukunft zu kaufen?“

Die meisten befragten Kommunen haben bereitwillig Auskunft erteilt. RWE selbst, sowie einige Kommunen versuchten jedoch, die Recherche zu behindern, wie mir von Informanten berichtet wurde. Es war offensichtlich, dass die Information, RWE sei durch keine Sperrminiorität der Kommunen mehr geschützt, Aktienbewegungen auslösen würde.

Ein kommunaler Aktionär (Kreis Siegen-Wittgenstein), der ein besonders großes Aktienpaket hielt, verweigerte schließlich die Auskunft und ließ es auf eine Klage ankommen. Mit dieser Verweigerung hätte der kommunale Aktionär meinen Artikel unmöglich machen können, weil seine Auskunft unerlässlich war, um eine genaue Aussage über den Aktienbestand der RWE-Kommunen entlang der 25 Prozent-Grenze machen zu können. Hätte der kommunale Aktionär einen Teil seiner Aktien verkauft, wäre die Grenze unterschritten. Würde er noch alle Aktien halten, könnte die 25 Prozent-Grenze noch gehalten werden.

Der kommunale Aktionär argumentierte, er sei nicht auskunftspflichtig, weil nicht etwa er selbst, sondern eine kommunale Tochtergesellschaft im Besitz der Aktien sei. Damit unterlägen die Angaben über den Aktienbestand dem Geheimnisschutz privater Unternehmen, es handele sich also um ein Betriebsgeheimnis.

Das Urteil

Das Verwaltungsgericht Arnsberg sah dies anders: Das Gericht entschied, dass kommunale Firmen angeben müssen, was in ihrem Besitz ist, was sie ge- und verkauft haben und, darüber hinaus, was sie planen zu tun. So wurde der Kreis Siegen-Wittgenstein, als übergeordnete Behörde, zur Auskunft über seinen Aktienbesitz verpflichtet – obwohl ein Tochterunternehmen die Aktien hielt, nicht der Kreis selbst.

Das Gericht in Arnsberg bestätigte, dass der Einfluss der Kommunen auf RWE von öffentlichem Interesse ist. Sollten die Kommunen nämlich nicht mehr als 25 Prozent der Anteile halten, wären die trotzdem gewährten fünf Aufsichtsrat-Mandate eine überproportionale Bevorzugung der Kommunen gegenüber der anderen Aktionärsgruppen.

Auch in diesem Verfahren wurde die Verschwiegenheitspflicht, in anderen Worten das Betriebsgeheimnis, (Geschäftsführerverschwiegenheit, Treuepflicht gegenüber den Kommunen u.a.) gegen die Verpflichtung der Behörden zur Auskunft nach dem Landespressegesetz abgewogen.

Diese Abwägung ergab, dass die Verschwiegenheitspflichten des kommunalen Unternehmens keiner Ausnahme nach dem LPG entspricht. Das heißt: Die aktuelle Zahl der Aktien, die Zahl der vormals verkauften Aktien und die Frage nach etwaigen Verkaufsabsichten sind in diesem Fall kein Geschäftsgeheimnis.

Darüber hinaus musste mir auch der Zeitpunkt des Aktienverkaufs mitgeteilt werden, was meiner Recherche den Durchbruch brachte. Dadurch konnte bestimmt werden, ab welchem Zeitpunkt die Kommunen weniger als 25 Prozent an RWE besessen hatten. Mittlerweile haben die Kommunen nur noch vier Sitze im Aufsichtsrat des Stromgiganten.

Das musste gesagt werden

- Wie viele Aktien der RWE AG hält der Kreis Siegen-Wittgenstein über die Tochtergesellschaft BBG derzeit?
- Wie viele Aktien der RWE AG hat der Kreis Siegen-Wittgenstein seit dem 1. Januar 2006 verkauft?
- Zu welchem genauen Zeitpunkt wurden die Aktien verkauft? (Entweder aus eigener Hand oder aus Hand einer Tochtergesellschaft?)
- Plant der Kreis Siegen-Wittgenstein Aktien der RWE AG über die BBG zu verkaufen?
- Gibt es entsprechende Kreistagsbeschlüsse?

Praxisbeispiel – Das Olympia-Park-Urteil (Landgericht München I, 9 S 8016/06, erstritten von Peter Kveton)

Darum ging es

Die Olympia-Park-GmbH ist eine Tochter der Stadt München. Diese GmbH ist verantwortlich für die Nachfolgenutzung des Olympiaparks und die Benutzung der dortigen Einrichtungen, sprich: Olympiastadion, Olympiahalle, Schwimmhalle etc.

Die Gesellschaft wurde anfangs von städtischer Seite finanziell in Höhe von circa zwei bis drei Millionen DM unterstützt – mittlerweile sind es ungefähr zehn bis 15 Millionen Euro jährlich, die die GmbH aus dem Stadtsäckel braucht.

Die städtische Olympia-Park-GmbH kooperierte zudem mit der Beratungsfirma S+K-Marketing, außerdem hat sich ein Pool von Sponsoren (Yello-Strom, Coca-Cola, BMW u.a.) gebildet, der von S+K gemanaget wurde. Zusammen führten sie Veranstaltungen durch.

Doch gerade die Unterstützung des Sponsoren Yello stieß dem Münchener Stadtrat unangenehm auf, da der Stromanbieter in direkter Konkurrenz mit einem anderen städtischen Unternehmen stand: den Stadtwerken München. Daraufhin wurden Yello aus dem Sponsorenpool heraus- und die Stadtwerke hineingenommen. Damit war auch ein städtisches Unternehmen Teil des Sponsorenpools.

Es gab Zweifel daran, dass sich alle Veranstaltungen, die durchgeführt wurden, wirklich rechneten – wie von Seiten der GmbH behauptet.

Dann wurde bekannt, dass ein Teil der Sponsorengelder an die S+K Marketingberatung floss.

Das bedeutete: Die Stadtwerke als Sponsor unterstützten mit öffentlichen Geldern eine zweite städtische Tochter – wobei 30 Prozent der Sponsorengelder in die Taschen der privaten Marketinggesellschaft wanderten.

Das waren die Fragen

- Wie viel zahlen die Stadtwerke in den Pool ein?
- Wie viel kassiert die S+K-Marketing?
- Wie groß ist der Sponsorenpool überhaupt?
- Was wird davon genau finanziert?

Die Olympia-Park-GmbH wollte diese Auskünfte nicht geben. Sie argumentierte damit, dass sie zwar für den Park zuständig sei, aber ihre Hauptaufgabe vor allem darin bestünde, Konzerte und andere privatwirtschaftliche Veranstaltungen zu organisieren. Das entspräche nicht einer öffentlichen Aufgabe, vielmehr befinde sich die GmbH dadurch in Konkurrenz auf dem Weltmarkt – somit sei sie auch keine Behörde im Sinne des BGH-Urteils.

Interessant ist es in diesem Zusammenhang zu wissen, dass in Bayern

Kommunen nur dann wirtschaftlich tätig sein dürfen, wenn sie eine öffentliche Aufgabe erfüllen.

Das Amtsgericht München entschied den Fall zunächst zu Gunsten von Peter Kveton. Die Firma sollte Auskunft geben.

Das Urteil

Das Landgericht stellte in seinem Berufungs-Urteil fest, dass die Olympia-Park-GmbH sehr wohl eine Behörde ist, deren Aufgabe nicht nur die Er- und Unterhaltung der Anlagen ist, sondern vor allem ein Betreiben des Geländes – in dem Sinne, es mit Leben zu füllen.

In der ersten Instanz hatte die GmbH behauptet, dass sie durch ihre wirtschaftlichen Tätigkeiten den Steuerzahler entlaste. Allerdings stützte sie mit dieser Aussage vielmehr die Argumentation der Gegenseite: Durch den Sponsorenpool wird der Steuerzahler tatsächlich entlastet, doch gerade darin sah das Gericht das Kriterium der öffentlichen Aufgabe erfüllt.

Außerdem wollte sich die Olympia-Park-GmbH im Zuge ihrer Auskunftsverweigerung auf Verschwiegenheitspflichten von Beamten in Amtsgeschäften berufen. Das Gericht aber befand, dass eine Strafbarkeit wegen Verstoßes gegen Verschwiegenheitspflichten nur dann vorliegt, wenn Betriebs- oder Geschäftsgeheimnisse unbefugt offenbart werden. Eine Presseauskunft sei jedoch befugt. Somit könnten keine Verschwiegenheitspflichten verletzt werden.

Nach § 85 Abs. I GmbH liegt eine Strafbarkeit lediglich dann vor, wenn Betriebs- oder Geschäftsgeheimnisse unbefugt offenbart werden. Wer jedoch einen tatsächlich bestehenden presserechtlichen Anspruch erfüllt, handelt nicht unbefugt im Sinne der genannten Strafvorschrift. Dies hat insbesondere zu gelten, wenn der betreffenden Person die Offenbarung durch ein Gericht auferlegt worden ist.

Auch die weitere Abwägung zwischen einem möglicherweise vorhandenen Betriebsgeheimnis in Bezug auf die Abmachungen mit den Sponsoren auf der einen Seite und der Pressefreiheit auf der anderen Seite führte zu einem erfreulichen Ergebnis. Das Gericht sah es als erwiesen an, die Pflichten gegen Sponsoren keinen Ausnahmegrund von den Auskunftspflichten nach dem LPG darstellen. Außerdem müssten Sponsoren einer öffentlichen GmbH mit dem besonderen Interesse an ihrer Tätigkeit rechnen.

Das musste gesagt werden

- Ist es richtig, dass die Stadtwerke München in den Sponsorenpool der beklagten Partei einzahlen?
- Seit wann und in welchem Umfang (Geldbeträge und geldwerte Vorteile) sponsern die Stadtwerke München die beklagte Partei?
- Trifft es zu, dass 30 Prozent dieser Mittel an die S+K-Marketingberatung GmbH gehen? Wenn nein, wie hoch ist der Prozentsatz, der an die S+K-Marketingberatung GmbH geht?

- Wie hoch sind die jährlichen Gesamteinnahmen im Sponsorenpool und wie werden diese Gelder verwendet?
- Warum werden die Sponsorengelder von den Sponsoren auf das Konto der S+K- Marketingberatung GmbH und nicht direkt an die beklagte Partei überwiesen?
- Wie geht dieser Geldfluss weiter, verwaltet die S+K-Marketingberatung GmbH diese Gelder selbst?
- Wofür sind diese Mittel in den vergangenen drei Jahren konkret eingesetzt worden?
- Wurden Gelder oder geldwerte Mittel aus diesem Sponsorenpool für die Skipiste und die Winterwelt sowie die Weinwelt verwendet?
- Wenn ja, in welcher Höhe, wie hoch war dieser Anteil an den jeweiligen Gesamtkosten?
- Ist es richtig, dass zwischen der beklagten Partei und der S+K-Marketingberatung GmbH mehrere Verträge bestehen, die unter anderem der S+K-Marketingberatung GmbH kostenlose Büroräume bei der beklagten Partei zusichern?
  Welche Verträge gibt es?

Auch gegen das Urteil vom Landgericht legte die Olympia-Park-GmbH Revision ein. Vor der nächst höheren Instanz – dem BGH – kam es jedoch zu keinem Urteil, weil die GmbH die Revision dann wieder zurückzog.

medienkodex

PRÄAMBEL

Neue Technologien und zunehmender ökonomischer Druck gefährden den Journalismus. Um seine Qualität und Unabhängigkeit zu sichern, setzt sich das netzwerk recherche für dieses Leitbild ein.

1. Journalisten* berichten unabhängig, sorgfältig, umfassend und wahrhaftig. Sie achten die Menschenwürde und Persönlichkeitsrechte.

2. Journalisten recherchieren, gewichten und veröffentlichen nach dem Grundsatz „Sicherheit vor Schnelligkeit".

3. Journalisten garantieren uneingeschränkten Informantenschutz als Voraussetzung für eine seriöse Berichterstattung.

4. Journalisten garantieren handwerklich saubere und ausführliche Recherche aller zur Verfügung stehenden Quellen.

5. Journalisten machen keine PR.

6. Journalisten verzichten auf jegliche Vorteilsnahme und Vergünstigung.

7. Journalisten unterscheiden erkennbar zwischen Fakten und Meinungen.

8. Journalisten verpflichten sich zur sorgfältigen Kontrolle ihrer Arbeit und, wenn nötig, umgehend zur Korrektur.

9. Journalisten ermöglichen und nutzen Fortbildung zur Qualitätsverbesserung ihrer Arbeit.

10. Journalisten erwarten bei der Umsetzung dieses Leitbildes die Unterstützung der in den Medienunternehmen Verantwortlichen. Wichtige Funktionen haben dabei Redaktions- und Beschwerdeausschüsse sowie Ombudsstellen und eine kritische Medienberichterstattung.

* Es sind stets beide Geschlechter gemeint.

www.netzwerkrecherche.de
info@netzwerkrecherche.de

nr netzwerk recherche

Medienrechtliche Auskunftsansprüche gegen Unternehmen

von SARAH SAUER und GERRET VON NORDHEIM

Am Ende dieses Textes, so zumindest das erklärte Ziel seiner Verfasser, weiß der geneigte Leser, wann ein Unternehmen gegenüber den Massenmedien auskunftspflichtig ist. Diese Frage lässt sich zunächst simpel beantworten: Ein Unternehmen ist auskunftspflichtig, wenn es eine Behörde ist. Dies führt jedoch zur nächsten, komplexeren Frage: Wann ist ein Unternehmen eine Behörde? Jene Frage verbirgt sich hinter dem genannten Erkenntnisziel und soll nun im Folgenden – zunächst auf Basis der entsprechenden Grundsatzentscheidungen des BGH (1), dann anhand von Praxisbeispielen (2) – erörtert werden. Gesondert soll am Ende außerdem auf die Abwägung von behördlichen Verschwiegenheitspflichten und Auskunftsansprüchen eingegangen werden.

Die Grundsatzentscheidung des BGH – der funktionale Behördenbegriff

Aus der im Grundgesetz verankerten Kritik- und Kontrollfunktion der Massenmedien leitet sich ihr Auskunftsanspruch gegen den Staat ab, also auch: gegen Behörden. Dies ist insbesondere festgeschrieben in den Landespressegesetzen[1]: Die Behörden sind verpflichtet, den Vertretern der Presse die der Erfüllung ihrer öffentlichen Aufgabe dienenden Auskünfte zu erteilen.

Was sind nun Behörden?

- Alle staatlichen Stellen: Bundesbehörden, Landes- und Kommunalbehörden, Parlamente, Regierungen, Gerichte und Verwaltungsbehörden
- Ebenfalls: staatliche Eigenbetriebe (Theater, Bäder, Krankenhäuser) sowie Anstalten, Körperschaften und Stiftungen d.Ö.R.
- Ausnahmen sind etwa öffentlich-rechtliche Körperschaften, die Träger von Grundrechten sind: So sind Kirchen oder öffentlich-rechtliche Rundfunkanstalten nur im Bereich staatlicher Angelegenheiten auskunftspflichtig, etwa bei der Kirchensteuer oder in Bezug auf den Rundfunkgebühreneinzug. Anders-

---

[1] So § 4 Abs. 1 des Landespressegesetzes von Hamburg. Die Landespressegesetze der anderen Bundesländer enthalten materiell dieselbe Regelung, vgl. BRANAHL, Udo: Medienrecht, Eine Einführung, S. 18.

herum haben Vertreter der Massenmedien auch einen Auskunftsanspruch gegenüber privaten Unternehmen, die zwar keine Behörden sind, aber hoheitliche Befugnisse wahrnehmen, wie zum Beispiel der TÜV (Überwachung der Verkehrssicherheit). Jedoch erstreckt sich auch hier der Auskunftsanspruch nur auf diejenigen Geschäftsbereiche, in denen hoheitliche Aufgaben übernommen werden.[2]

Die genannten Behörden sind auf den ersten Blick als solche zu erkennen – komplexer ist die Frage, ob öffentliche Unternehmen mit privatrechtlicher Organisationsform (zum Beispiel GmbH) Behörden und somit auskunftspflichtig sind. Geht also der Auskunftsanspruch mit der „Privatisierung" staatlicher Aufgaben verloren?

Zu dieser Frage gibt es ein richtungsweisendes Urteil des Bundesgerichtshofes vom 10. Februar 2005 [3]. Hier wurden zwei Kriterien festgelegt, mit Hilfe derer der Behördenbegriff auch in Bezug auf Unternehmen definitorische Schärfe gewinnt und operabel wird:

„Unter diesem Gesichtspunkt ist den Landespressegesetzen ein eigenständiger Behördenbegriff zu eigen, der auch juristische Personen wie eine GmbH erfaßt, deren die öffentliche Hand sich zur Erfüllung öffentlicher Aufgaben bedient. Dabei ist nicht erforderlich, daß sich die GmbH vollständig – unmittelbar oder mittelbar – in öffentlicher Hand befindet. Es reicht aus, daß die GmbH von der öffentlichen Hand beherrscht wird."[4]

Extrahiert man aus der vorliegenden Passage die entscheidenden Behördenkriterien, ergibt sich, dass eine Behörde 1. „öffentliche Aufgaben" erfüllen und 2. von der „öffentlichen Hand beherrscht" werden muss. Aufgrund des erstgenannten Kriteriums spricht man in diesem Zusammenhang auch vom „funktionalen Behördenbegriff".

Wann sind nun die genannten Kriterien erfüllt?

1. Öffentliche Aufgabe:

Unter öffentlichen Aufgaben versteht der Gesetzgeber Angebote, die in den Bereichen Freizeit, Kultur, Sport und Spaß zu finden sind, aber auch solche, die man unter den Oberbegriff der Daseinsvorsorge subsumieren kann. Jener Begriff erzeugt eine definitorische Grauzone und ist nicht letztgültig zu schärfen: Unter Daseinsvorsorge versteht man laut Definition der Europäischen Kommission „marktbezogene oder nichtmarktbezogene Tätigkeiten,

---

[2] Vgl. ebd. S. 19

[3] Vgl. BGH-Urteil vom 10.02.2005, III ZR 294/04

[4] Ebd. S. 5

die im Interesse der Allgemeinheit erbracht und daher von den Behörden mit spezifischen Gemeinwohlverpflichtungen verknüpft werden."[5]
Zählt jedoch zum Beispiel der Personentransport auf dem Schienenweg zur Daseinsvorsorge, ist die Deutsche Bahn damit eine Behörde im funktionalen Sinne? Die Definition hinterlässt augenscheinlich einigen Diskussionsbedarf.

2. Beherrschung durch die öffentliche Hand:

Von einer Beherrschung eines Unternehmens durch die öffentliche Hand spricht man beispielsweise bei einer kommunalen Besitzmehrheit oder bei der Besetzung der Geschäftsführung oder des Aufsichtsrates des Unternehmens durch staatliche Vertreter. Ob jedoch auch etwa durch eine kommunale Sperrminorität, also eine staatliche Minderheitenbeteiligung, eine Beherrschung durch die öffentliche Hand nachzuweisen ist, ist fraglich. Ob sich hier ein Hebel für die Durchsetzung eines journalistischen Auskunftsanspruches bietet, lässt sich an dieser Stelle nicht klären. Die hypothetische Möglichkeit weist jedoch auch bei diesem Kriterium auf eine definitorische Grauzone hin.

Zur Konkretisierung der genannten Kriterien gereicht uns der Blick auf den zugrundeliegenden Tatbestand des erwähnten BGH-Urteils – vereinfacht lässt er sich wie folgt zusammenfassen: Der Herausgeber der Zeitschrift „BdSt-Nachrichten Niedersachsen und Bremen" verlangte als Kläger Auskunft von einer GmbH, die Aufgaben der kommunalen Energieversorgung wahrnahm. Der Publizist begehrte Informationen über den Aufsichtsrat der GmbH (Zusammensetzung, Sitzungsgelder etc.). Hintergrund der Klage waren Zeitungsartikel, die von einer Vervierfachung der Sitzungsgelder berichteten. Wir wollen nun anhand der genannten Kriterien überprüfen, ob es sich bei der GmbH um eine Behörde handelt, ergo: ob die GmbH auskunftspflichtig ist.

Zu prüfen:
Wird die GmbH durch die öffentliche Hand beherrscht?
Der Staat war über mittel- und unmittelbare Beteiligungen zu etwa 70 Prozent an der GmbH beteiligt. Damit besteht ein Auskunftsanspruch nach Besitzverhältnissen (trotz einer privaten Minderheitenbeteiligung des Energieversorgers E.ON).
Erfüllt die GmbH eine öffentliche Aufgabe?
Energieversorgung fällt zweifelsohne in den Bereich der Daseinsvorsorge, deswegen ist ein Auskunftsanspruch nach Funktion ebenfalls gegeben.
Dem Kläger wurden dementsprechend vom BGH umfassende Auskunftsansprüche zugestanden.

---

[5] EUFIS: Daseinsvorsorge (Dienstleistungen von allgemeinem Interesse), URL: http://www.eufis.de/eu-glossar.html?&type=0&uid=53&tx_sgzz_pi1_cc=2, Stand: 27. März 2011

Beispiele aus der Praxis

Um den vorhergegangenen theoretischen Ausführungen Substanz zu geben, folgen nun weitere Beispiele für auskunftspflichtige Behörden:
Dazu haben die Verfasser ihren Blick über den Campus der TU Dortmund schweifen lassen, auf dem viele Einrichtungen und Unternehmen angesiedelt sind, zum Beispiel der Lernsender „NRWision".[6] Er gehört zu einem Pilotprojekt, das von der Landesanstalt für Medien NRW gefördert wird. Die TU Dortmund und das Institut für Journalistik betreiben den Sender. In Anbetracht der Tatsache, dass die Universität eine Körperschaft öffentlichen Rechts und damit eine Behörde darstellt, ist klar: Gegenüber dem Lernsender besteht ein Anspruch auf Auskunft. Dasselbe gilt beim Studentenwerk der TU Dortmund: Das Werk ist eine Anstalt des öffentlichen Rechts und demnach auskunftspflichtig.
Komplexer wird es letztlich, wie bereits angedeutet, bei öffentlichen Unternehmen, die privatrechtlich organisiert sind – wie zum Beispiel die Technologiezentrum Dortmund GmbH. Wir wenden wiederum die unter (1) herausgearbeiteten Kriterien an, die erste Frage lautet also: Wer sind die Gesellschafter der Technologiezentrum Dortmund GmbH (Kriterium Beherrschung durch öffentliche Hand)?
Eine Antwort auf diese Frage liefert die Liste der Gesellschafter. Sie liegt beim zuständigen Handelsregister, das wiederum im Amtsgericht Dortmund angesiedelt ist. Für die Einsicht der Liste gibt es drei verschiedene Wege: online, nach einer Registrierung[7] (Kosten: 1,50 Euro pro Dokument), postalisch direkt beim jeweiligen Gericht (0,50 Euro pro Seite) oder vor Ort im Gericht an einem dafür zur Verfügung gestellten Computer (kostenlos).
Für das Technologiezentrum liegen beim Handelsregister unter anderem folgende Informationen vor:[8] Eine detaillierte Auflistung der Gesellschafter vom 12. Juli 2010. Zudem wird auch die Höhe der jeweiligen Einlage der Teilhaber aufgeführt. Grafisch dargestellt ergibt sich folgendes Bild:

Es ist ersichtlich, dass sowohl Behörden als auch private Unternehmen Teilhaber der Gesellschaft sind. Wichtig ist nun zu klären, wessen Anteile überwiegen. Dabei wird zwischen privaten und öffentlichen Gesellschaftern differenziert.
Die Aufschlüsselung der Besitzverhältnisse zeigt, dass die Stadt Dortmund, die IHK, TU, FH und die Handwerkskammer (also alle beteiligten staatlichen Institutionen) summiert zu 75 Prozent am Technologiezentrum beteiligt sind. Somit wird die GmbH eindeutig von der öffentlichen Hand beherrscht

---

[6] Um dem universitären Rahmen, in dem diese Arbeit entstanden ist, Rechnung zu tragen, haben die Verfasser an dieser Stelle Beispiele aus ihrem studentischen Umfeld an der TU Dortmund gewählt.
[7] Siehe http://www.Handelsregister.de
[8] Stand: Januar 2011

und es besteht ein Auskunftsanspruch nach Besitzverhältnissen.

Um die Definition des Behördenbegriffs komplettieren zu können, muss im zweiten Schritt die Funktion des Technologiezentrums überprüft werden (Kriterium öffentliche Funktion). Dazu lässt sich die Satzung der GmbH zu Rate zu ziehen, dort heißt es: „Gegenstand ist die Förderung von Innovation und Technologietransfer". Weil Wirtschaftsförderung eine staatliche Aufgabe ist, das Zentrum also eine öffentliche Funktion erfüllt, kann konstatiert werden: Es besteht auch ein Auskunftsanspruch nach der Funktion des Unternehmens.
Ein Vertreter der Massenmedien ist also auskunftsberechtigt gegenüber dem Technologiezentrum, denn es ist eine Behörde.

Auskunftsanspruch im Vergleich zur Verschwiegenheitspflicht – Beispiele:

„Der Auskunftsanspruch des Journalisten ist ein verdammt scharfes Schwert, weil er sich direkt aus dem Grundgesetz ableitet und damit etliche Verschwiegenheitspflichten aushebelt." [9]
David Schraven

Selbst dann, wenn per definitionem der Anspruch auf Auskunft gesichert scheint, kann es noch ein Problem geben. Zum Beispiel dann, wenn eine Behörde die Auskunft auf Basis ihrer gesetzlichen Geheimhaltungsvorschrift verweigert. Zu diesen Vorschriften zählen beispielsweise. das Betriebs-, Bank-, Geschäfts- oder Sponsorengeheimnis. Doch auch in einem solchen Fall steht der Journalist nicht chancenlos da. Vielmehr sollte ihm jetzt daran gelegen sein, einen Abwägungsprozess zu initiieren. Zur Disposition stehen das Geheimhaltungsinteresse auf der einen, der Auskunftsanspruch auf der anderen Seite. Dieser Prozess soll im Folgenden mithilfe von zwei Beispielen aus der Justiz verdeutlicht werden:

Beispiel 1: Geschäftsgeheimnis versus Auskunftsanspruch

Eine Stadt hat eine U-Bahn gebaut und für dieses Vorhaben einen Gutachter bestellt. Der Journalist wollte wissen, wie hoch das Honorar des Gutachters war. Diese Aussage wurde ihm jedoch, mit Verweis auf das Geschäftsgeheimnis, verweigert.

Der Journalist blieb hartnäckig, sodass es zu einer Verhandlung vor dem Verwaltungsgericht kam. Nach mehreren Abwägungsschritten entschied das Gericht, dass nicht der Oberbürgermeister festlegt, was ein Geschäftsgeheimnis ist (beziehungsweise analog dazu der Geschäftsführer einer GmbH), sondern das Landespressegesetz.
Das Gericht befand, dass die Höhe des gezahlten Honorars kein starkes

[9] Zitat aus Vortrag zur Netzwerk-Recherche-Konferenz Presserecht, Okt. 2010, Erich-Brost-Institut, Dortmund

Betriebsgeheimnis sei und auch nicht schwerer als die Pressfreiheit wiege, weil das Honorar keinen Aufschluss über die betriebswirtschaftliche Situation des Unternehmens gebe.
Von zentraler Bedeutung in diesem Urteil ist, dass selbst das Betriebsgeheimnis in der Abwägung mit der Pressefreiheit nicht immer schwerer wiegt. Die Stadt musste dem Journalisten mitteilen, wie hoch das Honorar war.

Beispiel 2: Sponsorengeheimnis versus Auskunftsanspruch

Die Olympia-Park-GmbH ist eine Tochter der Stadt München. Diese GmbH ist verantwortlich für die Nachfolgenutzung des Olympiaparks und die Benutzung der dortigen Einrichtungen, sprich: Olympiastadion, Olympiahalle, Schwimmhalle etc.
Die städtische Olympiapark-GmbH kooperierte zudem mit der Beratungsfirma S+K-Marketing, außerdem hat sich ein Pool von Sponsoren (Yello-Strom, Coca-Cola, BMW u.a.) gebildet, der von S+K gemanaget wurde. Zusammen führten sie Veranstaltungen durch. Der Stadtrat nahm jedoch den Stromanbieter Yello aus dem Sponsorenpool heraus – und die Stadtwerke hinein. Damit war auch ein städtisches Unternehmen Teil des Sponsorenpools. Der Journalist hatte Zweifel daran, dass sich alle Veranstaltungen, die durchgeführt wurden, wirklich rechneten – wie von Seiten der GmbH behauptet.
Der Journalist erfuhr zudem, dass ein Teil der Sponsorengelder an die S+K Marketingberatung floss. Das bedeutete: Die Stadtwerke als Sponsor unterstützten mit öffentlichen Geldern eine zweite städtische Tochter, also die Olympia-Park GmbH, wobei 30 Prozent der Sponsorengelder in die Taschen der privaten Marketinggesellschaft wanderten.
Der Reporter verlangte nun Auskunft darüber, wie viel Geld die Münchener Olympia-Park GmbH insgesamt in ihrem Sponsorenpool habe und wie viele Millionen Euro die Stadt trotzdem noch zuzahle.

Die Gegenargumentation, mit der das Unternehmen die Auskunft verweigerte: Die GmbH sei ein Konzertveranstalter, konkurriere auf dem Weltmarkt und sei damit funktional keine Behörde.

Vor dem Landgericht aber änderte sich die Situation. Das Gericht stellte zunächst fest, dass die Olympiapark GmbH mit Hilfe des Sponsorenpools zur Erfüllung öffentlicher Aufgaben beitrage. Als Tochter der Stadt München ist auch klar, dass die GmbH öffentlich beherrscht wird – insofern handelt es sich um ein öffentliches Unternehmen. Desweiteren befand das Gericht, dass Sponsoren einer öffentlichen GmbH mit dem besonderen Interesse an ihrer Tätigkeit rechnen müssen. Die Verschwiegenheitspflicht gegenüber den Sponsoren sei kein Ausnahmegrund nach dem Landespressegesetz.

Dem Journalisten wurden letztendlich umfangreiche Auskunftsansprüche zugestanden.

Gert Monheim, Stephan Michelfelder, Ingolf Gritschneder: Milliarden Monopoly III – Neue Spuren im Kölner Messeskandal

Aufbereitet von DANIEL OTTO und FLORIAN RIESEWIECK

Die Grundlage der Diskussion: Milliarden Monopoly III

Der Titel lässt es schon vermuten: Der Beitrag „Milliarden Monopoly III – Neue Spuren im Kölner Messeskandal", gesendet in der WDR-Reihe „die story" am 23. Juni 2008, ist ein lehrbuchreifes Beispiel für Verdachtsberichterstattung. So gab es im Laufe der Monate neun Klagen im Zusammenhang mit dem Film. Der ist zugleich ein Beispiel dafür, wie sich Journalisten bei der Verdachtsberichterstattung bestmöglich absichern können. Denn alle neun Klagen sind in letzter Instanz abgewiesen worden.

Die Vorgeschichte: Milliarden Monopoly I

Im ersten Teil mit dem Untertitel „Die verschwiegenen Geschäfte der Oppenheim-Esch-Holding" berichtete der WDR am 4. Juli 2005 bereits von dubiosen Geschäften eines Immobilienfonds der Privatbank Sal. Oppenheim und des Bauunternehmers Josef Esch.

Im Fokus steht dabei der Neubau der Kölner Messehallen, zu dem der Beitrag gleich mehrere Auffälligkeiten nennt. So hatten Investoren und Messe den Vertrag über den Kauf des Baugrundstücks offenbar schon abgeschlossen, ehe der Rat am 18. Dezember 2003 seine Entscheidung traf, den Bauauftrag an den Oppenheim-Esch-Fonds zu vergeben. Zwischen den offiziell verlautbarten Kosten des Messe-Neubaus (260 Mio. Euro) und den Angaben der zuständigen Baufirma Hochtief (140 Mio. Euro) hätten außerdem rund 120 Mio. Euro Differenz gelegen. Der an mehreren Stellen auftretende Immobilienexperte Prof. Klaus Feinen erklärt das mit so genannten Soft Costs, also „Kosten im Zusammenhang mit der Konzeption und Finanzierung einer Investition. (...) Der Initiator hat hier einen breiten Spielraum, sich die Tasche voll zu machen." In den Verträgen zum Bauvorhaben tauchen fast nur Firmen der Esch-Gruppe auf, die Soft Costs in Rechnung stellen. Diese verteuern zugleich die Mieten. Die Stadtsparkasse habe dem Oppenheim-Esch-Fonds, so heißt es im Film, auf 30 Jahre Mietgarantien von mehr als 750 Millionen Euro gegeben. Stadt und Messe hätten „nach Meinung von Experten" insgesamt 360

Mio. Euro sparen können, wenn sie den Neubau selbst finanziert hätten.

„Milliarden Monopoly I" geht aber auch auf andere Geschäfte des Immobilienfonds ein, etwa den Bau der Kölnarena und des neuen Rathauses. Auch hier habe es kein ordentliches Ausschreibungsverfahren gegeben. Soft Costs hätten die Kosten von 560 auf über 850 Mio. Euro aufgebläht. Die Sparkasse habe auch in diesem Fall Mietgarantien in Millionenhöhe gegeben.

Die Kritik dieses ersten Beitrags richtet sich in erster Linie an Lothar Ruschmeier. Ab Januar 2000 ermittelte das Bundeskriminalamt gegen den früheren Oberstadtdirektor, inzwischen Geschäftsführer bei Oppenheim-Esch, wegen Betrugs und Untreue im Zusammenhang mit dem Bau der Kölnarena. Ihm wurde vorgeworfen, zu Lasten der Stadt und zu Gunsten des Oppenheim-Esch-Fonds gehandelt zu haben. Das Verfahren wurde jedoch nach Jahren eingestellt.

Wichtige Rollen spielen außerdem Fonds-Gründer Josef Esch, Oppenheim-Gesellschafter Graf Krockow, Kölns früherer Oberbürgermeister Fritz Schramma und das ehemalige CDU-Ratsmitglied Rolf Bietmann, zugleich Aufsichtsratsmitglied der Kölner Messe. Alle genannten Personen aber verweigerten den Autoren ein Interview. Bei Schramma hätten sie insgesamt siebenmal angefragt.

Die Vorgeschichte: Milliarden Monopoly II

Im zweiten Teil mit dem Untertitel „Das Spiel geht weiter...", ebenfalls aus dem Jahr 2005, legen die Autoren den Schwerpunkt auf das Geschäft um die Messehallen. Die Kritik erreicht darin auch den damaligen Sparkassenchef Gustav Adolf Schröder. Er habe den Sinn und Zweck einer Sparkasse „verändert", indem er etwa mit millionenschweren Mietgarantien Wirtschaftsförderung in großem Stile betrieben habe. Auch Schröder habe zwei Interviewanfragen abgelehnt.

Gegenüber dem ersten Teil nennen die Autoren neue Details des Geschäfts. Am 29. Juli 2003 habe der Stadtrat dem Verkauf der denkmalgeschützten Rheinhallen für 75 Millionen Euro an die Sparkasse zugestimmt. Die Sparkasse zahlte anschließend allerdings tatsächlich einen reduzierten Preis und verkaufte die Immobilie über eine Tochtergesellschaft an den Oppenheim-Esch-Fonds weiter – für nur noch 54 Millionen Euro.

„Ein solcher Preisnachlass wäre eine Beihilfe der Stadt Köln an den Esch-Fonds", erklärt Europa- und Wettbewerbsrechtsexperte Prof. Hans-Peter Schwintowski von der Humboldt-Universität Berlin. „Solche Beihilfen sind nur zulässig, wenn sie vorher von Brüssel genehmigt werden. Und solange das nicht der Fall ist, sind sie rechtswidrig. (...) Durch das Zwischenschalten der Stadtsparkasse wird auf der einen Seite die Ausschreibungspflicht verdeckt und auf der anderen Seite wird vermieden, dass man einen Beihilfeantrag in Brüssel stellen muss."

Der Beitrag geht außerdem auf das Coloneum-Bauvorhaben Ende der 1990er Jahre ein, das erste gemeinsame Projekt von Sparkasse und Oppenheim-Esch-Fonds. Auch beim Coloneum habe die Sparkasse hohe Mietgarantien übernommen und dem Oppenheim-Esch-Fonds einen Schadensausgleich in Höhe von mehr als 24 Millionen Euro gezahlt, als der Sender RTL als Mieter im letzten Moment absprang.

Das war zugleich der Auslöser für jenes Geschäft, das zum zentralen Thema des dritten Beitrags wurde. Denn weil die Stadt Köln dem Sender RTL die Rheinhallen als neuen Sitz anbot, folgte am 17. September 2004 die Grundsteinlegung für den Bau der neuen Messehallen – durch den Oppenheim-Esch-Fonds; dabei hatte es, so die Autoren, bessere Angebote anderer Bewerber gegeben. Im August 2005 begannen aus diesem Grunde Ermittlungen gegen Kölns damaligen Oberbürgermeister Schramma wegen des Verdachts der Untreue.

Milliarden Monopoly III

Die Autoren Gritschneder und Wellmann erreichte nach der Ausstrahlung von Teil II eine anonyme E-Mail: *„Haben Sie bitte Verständnis dafür, dass ich mich nicht offen zu erkennen gebe, denn dies könnte für mich erhebliche persönliche Nachteile haben. Ich habe Kenntnis darüber, dass bei dem Neubau der Kölner Messehallen Schmiergelder in Millionenhöhe geflossen sein sollen, damit der Oppenheim-Esch-Fonds den Bauauftrag erhält. Schauen Sie sich die Geschäftsbeziehungen zwischen dem ehemaligen Sparkassenchef Schröder und Josef Esch einmal genauer an."*

Die Recherchen zum dritten Teil von Milliarden Monopoly begannen.

„Mit dem Mail-Verdacht hätten wir natürlich nicht antreten können", sagt Ingolf Gritschneder. *„Wir haben zunächst versucht, mit dem Mail-Schreiber Kontakt aufzunehmen. Wir wollten seine Motive abklären: Ist der seriös? Ist der belastbar?"* Allerdings sei es ihnen nicht gelungen, den Informanten zu einer eidesstattlichen Erklärung respektive einem Auftritt im Film zu bewegen. Die Angst vor persönlichen Nachteilen war beim Informanten zu groß.

„So droht Mitgliedern eines Verbandes der Ausschluss aus dem Verband wegen 'Verbandsschädigenden Verhaltens', Beamte können wegen Verletzung ihrer Pflicht zur 'Amtsverschwiegenheit' (§61 BBG) disziplinarisch belangt (§77 BBG in Verbindung mit der Bundesdisziplinarordnung) und Arbeitnehmer entlassen werden, weil ein solches Verhalten als Verlet-

zung ihrer 'Treuepflicht' angesehen wird." (Medienrecht, Udo Branahl, S. 39)

Der Informant jedenfalls wollte trotz Redaktionsgeheimnisses und Zeugnisverweigerungsrechts der Journalisten nicht frei sprechen. *„Wir waren uns aber trotzdem sicher, dass es nicht um Diffamierung ging, sondern dass es wirklich jemand war, der seriös seine Infos weitergeben will."* Es habe natürlich dennoch weiterer Recherchen bedurft, ehe mit der Vorlage eines Vorvertrags zwischen dem früheren Sparkassenchef Schröder und Josef Esch ein Beweis gefunden war. *„Wir hatten den Vertrag, der klarer gar nicht mehr sein konnte, und haben uns gewundert, dass man so etwas auch noch schriftlich festgehalten hat"*, sagt Gritschneder.

Von der Recherche zum Beitrag

Ingolf Gritschneder und Georg Wellmann beziehen schon früh das Justiziariat des WDR in ihre Arbeit ein. *„Die Verdachtsberichterstattung ist ein mit Untiefen übersätes Feld des Journalismus"*, sagt der stellvertretende WDR-Justiziar Stephan Michelfelder. *„In der Beratung selbst mit guten Journalisten ist sie nicht zu 100 Prozent absicherbar, weil manchmal auch Gerichtsauslegungen eine Rolle spielen, die man schwer voraussehen kann."* Michelfelder erinnert damit an das so genannte Stolpe-Urteil (siehe auch Beitrag zum Thema Stolpe-Urteil).
„Wir haben deshalb in mehreren Arbeitsgängen versucht, den Verdacht einzuschränken", sagt Michelfelder. *„Ich bin mit dem Marker drüber gegangen aus der Sicht des Feindes-Anwaltes."* Bei der Besprechung des Filmskripts habe er auf zwei strittige Sequenzen besonders hingewiesen.

Strittige Sequenzen 1: Abbildungen Privathaus Gustav Adolf Schröder (9:35 – 9:50 Min.)

Über eine Zeitspanne von 15 Sekunden werden Aufnahmen vom Privathaus des früheren Sparkassenchefs Gustav Adolf Schröder gezeigt. Der Sprecher erklärt, dort habe eine Razzia stattgefunden, bei der die Fahnder auf ein Vernehmungsprotokoll aus dem Verfahren gegen den Kölner Oberbürgermeister gestoßen seien. Zunächst ist das Haus lediglich am Ende eines Feldes aus der Ferne zu sehen, allerdings wird in der Folge der Zoom eingesetzt. Schließlich zeigen die Bilder die Eingangstür des Hauses und in einer Detailaufnahme das Klingelschild, auf dem der Name Schröder und die entsprechende Straße für den Zuschauer deutlich zu erkennen sind. Für diesen letzten Teil der Aufnahmen hat der Kameramann offensichtlich das Privatgelände Schröders betreten.

Die Rechtslage dazu ist eigentlich eindeutig: „Wer unbefugt in die Wohnung oder in das 'befriedete Besitztum' eines anderen eindringt (...), macht sich wegen Hausfriedensbruchs strafbar (§ 123 StGB). (...) Ein (Vor-)Garten oder Betriebsgelände in unmittelbarer räumlicher Nähe zu einem Wohn- bzw. Geschäftsraum gilt generell als 'befriedetes Besitztum'" (Medienrecht, Udo Branahl, S.50f.)

Auch eine zivilrechtliche Klage kann sich aus diesen Abbildungen ableiten.

„Als Eingriff in das Recht auf Selbstbestimmung bei der Offenbarung persönlicher Verhältnisse wertet die Rechtsprechung auch die Abbildung des Privathauses eines Prominenten unter Bekanntgabe seines Namens und des Stadtteils, in dem das Haus liegt. Unzulässig ist dieser Eingriff, wenn der Betroffene seinen Wohnsitz bislang vor der Öffentlichkeit abgeschirmt hat und mit der Veröffentlichung nicht im Einzelfall ein legitimes überwiegendes Informationsinteresse der Öffentlichkeit befriedigt wird." (ebd., S. 175)

„Wir konnten das Landgericht überzeugen, dass es unter journalistischen Gesichtspunkten gerechtfertigt war, Schröders Privathaus zu zeigen", sagt Michelfelder. *„Denn es spielte nicht allein eine Rolle, dass da eine Untersuchung war, sondern was da gefunden wurde."* Die Beamten entdeckten in Schröders Haus nämlich ein Vernehmungsprotokoll aus dem Verfahren gegen den Kölner Oberbürgermeister. Darin berichtet eine frühere Esch-Mitarbeiterin, so der Film, von engen Geschäftsbeziehungen zwischen Schröder und Esch. Sie behauptet außerdem, es habe ab September 2003 praktisch täglichen Kontakt zwischen beiden gegeben, und spricht von Auffälligkeiten bei dem Geschäft um die Messehallen: *„Beispielsweise ist mir nicht erklärlich, weshalb mehrere Millionen Euro für die Mietervermittlung angesetzt werden, obwohl der Mieter bereits feststand"*, wird sie zitiert. Fraglich war auch, wie Schröder überhaupt an dieses Vernehmungsprotokoll gekommen war. *„Es war ein Kontext, der das Gericht überzeugt hat, dass das Zeigen der Bilder zulässig war"*, sagt Michelfelder.

Strittige Sequenzen 2: Aussagen Prof. Hans-Peter Schwintowski (32:02 – 32:40 Min.)

Als einer der wichtigsten Aussagengeber des Films agiert – wie schon in Teil II – der Wirtschafts- und Europarechtsexperte Prof. Hans-Peter Schwintowski. Er bündelt die zentralen Vorwürfe gegen Ende des Beitrags in einer 38 Sekunden langen Aussage: *„Hier wird nach meinem Eindruck ja nichts anderes gemacht als der Versuch, massive politische Einflussnahme zu kaufen – gegen Geld. Man will versuchen, das Ausschreibungsverfahren auf diese Weise zu umgehen. Man will auf die Bebauungsplanung unmittelbar Einfluss nehmen. Man will alles tun, damit das Projekt für den Oppenheim-Esch-Fonds klappt. Der Volksmund würde sagen: Das ist Bestechung. Der Jurist würde sagen: Hier wird Vorteilsgewährung realisiert. Es riecht alles nach Korruption."*

Die Autoren Gritschneder und Wellmann hatten dieses Zitat ursprünglich für den Einstieg in den Beitrag vorgesehen. *„Da hat Michelfelder gesagt: Seid ihr wahnsinnig? Wenn ihr das so früh schon zeigt, dann geht das Gericht auf die andere Schiene“*, erzählt Gert Monheim. Michelfelder befürchtete, dass eine Anschuldigung – ohne vorherige Beweisführung – vor Gericht Probleme bereiten könnte. Also verlegten sie das erwähnte Zitat an eine Stelle, bis zu der sich der Zuschauer ohnehin schon ein Bild machen konnte.

„Natürlich wurde Herr Schwintowski trotzdem in Anspruch genommen“ sagt Michelfelder, der sich auch selbst vor Gericht verantworten musste. *„Es wurde nicht der WDR plus der Redakteur plus der Autor vorgenommen, sondern jeder einzeln. Es wurden alle Register gezogen: Unterlassung, Gegendarstellung, Richtigstellung. Das lief in den Instanzen parallel. Wenn er (Schwintowski) was sagen durfte, durften wir es auch zeigen.“* Dass die erwähnte Aussage gesendet wurde, hatte in jedem Fall damit zu tun, dass Prof. Schwintowski dort vorsichtig formuliert hatte. Er warf den Verantwortlichen von Stadt, Sparkasse und Fonds nicht direkt Bestechung oder Korruption vor, sondern begann seine Sätze geschickt: *„Der Volksmund würde sagen... Der Jurist würde sagen... Es riecht alles nach...“.*
„Die Gefahr, dass die Gerichte Aussagen nicht als Wertung, sondern als Tatsachenbehauptung bewerten, ist groß“, sagt Michelfelder. Immer wieder saß das Team in Konferenzen zusammen, schob Wörter hin und her, tauschte Sätze aus oder löschte sie ganz. *„Bei der Vorbereitung des Stücks hatten wir mehrere Textfassungen“*, bestätigt Michelfelder. Wichtig war, sich die Aussagen der Experten nicht zu eigen zu machen: *„Man will seine O-Ton-Geber ja nicht diskreditieren, aber wir mussten versuchen, eine Distanzierung hinzubekommen“*, so Michelfelder.

Im Falle Schwintowskis entschied sich der WDR für den Anschlusssatz: *„Ob der schwerwiegende Verdacht zutrifft, das wird die Staatsanwaltschaft zu klären haben.“ „Damit waren wir raus“*, sagt Michelfelder, wohlwissend, dass solche Distanzierungen nicht immer helfen: *„Ich bin auch schon mit dem Wort ‘behaupten’ gescheitert.“*

Im Endeffekt gewannen sie aber alle Prozesse – wenn auch erst in zweiter Instanz. *„Dem Ganzen lag der Punkt der Verdachtsberichterstattung zugrunde. Da haben wir eine relativ gesicherte und geordnete Rechtsprechung“*, sagt Michelfelder.

Verdachtsberichterstattung

Verdachtsberichterstattung ist „nur dann zulässig, wenn es sich „um einen Vorgang von gravierendem Gewicht“ handelt, „dessen Mitteilung durch ein Informationsbedürfnis der Allgemeinheit gerechtfertigt ist.“ Ein solches

Interesse bejaht die Rechtsprechung zum einen in Fällen schwerer Kriminalität, zum anderen bei solchen Straftaten, die die Öffentlichkeit besonders berühren. Zu diesen Straftaten gehören zum Beispiel „Amtsdelikte, denn bei ihnen kommt ‘der Informationsfunktion der Presse wegen der Verbindung von staatlichem Handeln mit dem strafbaren Verhalten von Amtsträgern erhöhte Bedeutung’ zu“. (Medienrecht, Udo Branahl, S. 181)

Beim WDR zweifelte niemand daran, dass im Fall der Kölner Messe all diese Punkte zutrafen. Trotzdem darf bei einem Verdacht nur berichtet werden, *„wenn es um einen die Öffentlichkeit berührenden Missstand geht und der Journalist aufgrund eigener sorgfältiger Recherchen einen ausreichenden Tatverdacht belegen kann“ (ebd.).*

Auch das war der Fall: „Durch die von uns ziemlich umfassend vorgelegten Unterlagen und Beweismittel konnten wir die Gerichte überzeugen, dass der Verdacht in dieser Form vorgebracht werden kann“, erklärt Michelfelder. Der Justiziar weiß aus eigener Erfahrung, dass die Anforderungen an Verdachtsberichterstattung bei Journalisten nicht gerade beliebt sind. „Unsere Journalisten (beim WDR) haben eine Liste auf dem Tisch liegen, die sie abarbeiten können.“ Denn die Qualität eines Beitrags könne nur steigen, wenn man auch Gegenrecherchen angestellt habe. „Audiatur et altera pars“ – man höre auch die andere Seite.

Der Umgang mit der Gegenseite

„An alle Verantwortlichen haben wir insgesamt sieben bis acht Schreiben gerichtet“, sagt Michelfelder über den Umgang mit der Gegenseite, noch bevor die erste Klage eingegangen war. Es waren Anfragen für Stellungnahmen oder Interviews, und zu Beginn erhielt das WDR-Team sogar freundliche Antworten. *„Allerdings wollten die dann den genauen Fragenkatalog haben – davon rate ich immer ab“*, sagt Michelfelder, *„das dient nur dazu, dann doch kein Interview zu geben.“* Monheim ergänzt noch einen anderen Grund: Komme es doch zu einem Interview, so gebe es *„keine Frage-Antwort-Haltung. Dann kommen die mit Formulierungen, die kein Mensch mehr versteht.“*

Der Tipp der Diskussionsteilnehmer: Ehrlichkeit, aber nur so viel wie unbedingt nötig preisgeben. *„Versuchen Sie es mit Themenkomplexen“*, rät Monheim, *„da haben Sie Spielmöglichkeiten. Und man muss (als Journalist) nachfragen dürfen. Das wird auch gerne zu verhindern versucht.“* Ab dem dritten oder vierten Brief ging Monheim mit jedem Brief zuerst zum Justiziariat. *„Man muss da vorsichtig sein und wenn es sein muss, lieber einen Brief zu viel als zu wenig schreiben.“* Im Prozess konnte sich der Richter schließlich ein Bild davon machen und sehen, dass das WDR-Team vieles versucht hatte, um Stellungnahmen zu bekommen.

Ingolf Gritschneder warnt in diesem Zusammenhang davor, zu schnell zurückzustecken oder sich von der Gegenseite einschüchtern zu lassen: *„Manchmal wird bei solchen Anfragen der Spieß umgedreht. Die geben einem deshalb dann kein Interview und drohen auch noch Konsequenzen an. Gerne auch mal direkt nach Hause, damit die Ehefrau auch davon erfährt."*

Kampf gegen Kölner Klüngel

Zwischenzeitlich stellte die Kölner Staatsanwaltschaft ihre Ermittlungen gegen Oberbürgermeister Schramma ein. Nun sahen sich die Autoren mit dem Vorwurf der Hetzkampagne konfrontiert. *„Natürlich wurde das von der Gegenseite vorgebracht"*, sagt Gritschneder *„auf uns hatte das aber keinen Einfluss. Da muss man einfach gegenan arbeiten."* Schließlich ermittelte parallel auch die EU-Kommission, was die Recherchen zusätzlich legitimierte.

Doch innerhalb Kölns kämpften die Autoren gegen Widerstände: *„Als Nicht-Kölner müssen Sie wissen, dass Sie bei der Aufarbeitung eines solchen gesellschaftspolitischen Falls immer mit den gleichen Leuten zusammenkommen"*, sagt Michelfelder. In der Kölner Zeitungsszene habe es personelle Überschneidungen gegeben, *„der Stadtanzeiger ist uns erst später beigesprungen"*. In der Politik wasche eine Hand die andere, *„die war ungewillt, dagegen vorzugehen."* Und auch die Staatsanwaltschaft habe mit der Einstellung des Verfahrens nicht gerade große Mühe darauf verwendet, den Fall aufzuklären. *„Man kann hier schon Zweifel bekommen, ob die Staatsanwaltschaft auf vollen Rossen reitet – aber dafür fehlen uns die Belege"*, sagt Michelfelder.

Doch von diesen Kölner Eigenheiten einmal abgesehen, hatten sich die Autoren durch ihre Sorgfalt abgesichert: *„Einstweilige Verfügungen gegen unsere Recherche hatten wir nicht zu befürchten"*, sagt Michelfelder.

Dieser Anspruch besteht nur, wenn jemand, dem ein Angriff auf seine Rechte ernstlich droht, nachweisen kann, dass der Angriff unmittelbar bevorsteht. Allerdings: „Von welchem Zeitpunkt an eine Veröffentlichung unmittelbar bevorsteht, ist im Einzelnen bislang höchstrichterlich nicht geklärt" (ebd. S. 250). Es gibt sogar zahlreiche Urteile, in denen selbst die journalistische Recherche untersagt wurde. „Demgegenüber vertritt das OLG Hamburg zu Recht die Auffassung, dass ein Unterlassungsanspruch nicht schon im Stadium der Recherche geltend gemacht werden kann, sondern erst wenn ein fertig formulierter Beitrag vorliegt." (ebd. S. 250).

„Wir sind von Anfang an davon ausgegangen, dass es vor Gericht geht", sagt Monheim. Deshalb wurde die Recherche auch von Anfang an genau dokumentiert. *„Telefonate sind Schall und*

Rauch", erklärt Michelfelder, *„es reicht aber eine Mail oder ein Fax, in der eine mündliche Aussage bestätigt wird."* Diese Genauigkeit sollte sich auszahlen: *„Die haben behauptet, sie wären gar nicht gefragt worden. Das konnten wir aber nachweisen. Dann haben sie gesagt: Sie wären nicht genau das gefragt worden. Aber wir hatten ja die Unterlagen"*, so Monheim.

Die Folgen

Der neue Kölner Sparkassen-Chef Dietmar Binkowska hat die schwere Aufgabe übernommen, die Altschulden seines Vorgängers Gustav Adolf Schröder abzuarbeiten und hat ihn im Zuge dessen auf Schadenersatz verklagt. Strafrechtlich ist er wegen Verjährung nicht mehr zu belangen.

„Die Sparkasse Köln/Bonn fordert Schadenersatz von Herrn Schröder, weil er den Vertrag vermittelt, dabei aber seine Kompetenzen überschritten haben soll. Er soll sich (...) mit niemandem dabei abgesprochen haben. Dies sei als Untreue zu werten. Deshalb sei er seinem früheren Arbeitgeber gegenüber schadenersatzpflichtig." (Dirk Eßer, Sprecher des Kölner Landgerichts, am 21. Mai 2010 gegenüber wdr.de)

Der Zivilprozess endete mit einem Vergleich.

Die EU-Kommission reichte am 12. Oktober 2006 wegen des Verstoßes gegen das europäische Vergaberecht Klage vor dem europäischen Gerichtshof ein. Die Entscheidung fiel gut drei Jahre später: Am 29. Oktober 2009 gab der europäische Gerichtshof bekannt, die Stadt Köln habe beim Messehallen-Bau gegen das europäische Vergaberecht verstoßen.

Der Stadt wurde daraufhin aufgetragen, aus den Verträgen wieder herauszukommen. Der Kölner Rat beschloss im Juli 2010 den Kauf der Messehallen, um den jahrelangen Mietzahlungen zu entgehen. Doch der Oppenheim-Esch-Fonds ließ sich nicht auf das Geschäft ein. Der Rechtsstreit um die Kölner Messehallen geht daher weiter.

„Trotzdem haben die Autoren in einem trüben Teich eine Sichtverbesserung erreicht", sagt Michelfelder. Und Gert Monheim schließt: „Das sollte uns Journalisten Mut machen, immer wieder solche Dinge aufzubringen."

Dortmunder Anstöße zum Medienrecht

Schon heute werden die Bestimmungen in den Presse- und Informationsfreiheitsgesetzen des Bundes und der Länder zur Auskunftspflicht von Behörden oft nicht eingehalten, relativiert oder situativ ausgedeutet. netzwerk recherche fordert daher alle Behörden von Polizei über Ministerien bis hin zu Stadtverwaltungen auf, künftig die Bestimmungen der Landespressegesetze einzuhalten und sich rechtstreu zu verhalten. Darüber hinaus setzt sich netzwerk recherche dafür ein, die Pressefreiheit in Deutschland weiter auszubauen.

Dazu soll zunächst die Recherchefreiheit gestärkt werden.

Medien müssen sich erforderlichen Informationen selbst beschaffen können. Dazu reicht der bereits bestehende presserechtliche Auskunftsanspruch nicht aus, der lediglich Behörden verpflichtet, Fragen von Pressevertretern wahrheitsgemäß zu beantworten.

(1) Der medienrechtliche Auskunftsanspruch gegen Behörden sollte zu einem Informationsanspruch erweitert werden, der den Medien ein Wahlrecht bei der Art der Informationsbeschaffung einräumt.

a) Das Auskunftsrecht der Medien gegenüber Behören sollte nach dem Vorbild der Informationsfreiheitsgesetze ein Akteneinsichtsrecht einschließen, das den Medien die Überprüfung und Ergänzung der von der Behörde gegebenen Auskünfte ermöglicht. Ein solches Recht würde die Kontrollfunktion der Medien stärken. Denn so würde den Behörden die Möglichkeit genommen, ihre Mitteilungen für die Medien zu „glätten“, d.h. sie auf solche Informationen zu konzentrieren, die sie „in einem guten Licht“ erscheinen lassen.

b) Der Informationsanspruch sollte auch das Recht einschließen, von den Trägern der öffentlichen Gewalt eine Stellungnahme in mediengerechter Form (Interview, Pressekonferenz) zu erhalten. Dadurch könnten die schwerwiegendsten Missbräuche eingedämmt werden, die sich in der vergangenen Jahren in die Informationspolitik der Behörden eingeschlichen haben: Das gilt sowohl für die Auswahl willfähriger Gesprächspartner in den Medien als auch für den unangemessenen Umgang mit Autorisierungsvorbehalten.

(2) Der Kreis der Auskunftsverpflichteten sollte ausgedehnt werden. Die Auskunft sollte nicht allein von der Behördenleitung, sondern auch von den sachlich zuständigen Ebenen verlangt werden können. Das würde die Recherche der Medien vereinfachen und Fehlinformationen vermeiden, die durch den Umweg über interne Behördenkommunikation entstehen.

(3) Die freie Recherche gehört zu den Grundbedingungen einer freien Medienarbeit. Deshalb darf ein Medienvertreter nicht staatlich verfolgt werden, weil er einen Behördenmitarbeiter ohne Erlaubnis des Behördenleiters befragt hat. Eine Strafbarkeit von Medienvertretern wegen Anstiftung oder Beihilfe zur Verletzung des Dienstgeheimnisses (§ 353b StGB) ist demgemäß in jedem Fall auszuschließen.

(4) Anfragen nach dem Informationsfreiheitsgesetz oder dem Umweltinformationsgesetz sollen in der gesetzlich vorgesehenen Zeit bearbeitet werden. Um eine unsachgemäß lange Bearbeitung von Anfragen zu verhindern, müssen Sanktionsmöglichkeiten geschaffen werden.

(5) Die Gebühren für Anfragen nach dem Informationsfreiheitsgesetz oder dem Umweltinformationsgesetz sollen für Medienvertreter auf ein angemessenes Maß reduziert werden.

(6) Angesichts der bedeutenden Rolle, die öffentlich notierte oder geführte Unternehmen sowie gemeinnützige Vereine, Stiftungen und Verbände auf die gesellschaftliche Entwicklung haben, muss der in den jeweiligen Landesgesetzen garantierte medienrechtliche Auskunftsanspruch auf sie erstreckt werden. Sie sind dem Wohl aller Bürger verpflichtet und müssen deshalb der Allgemeinheit Rede und Antwort stehen.

Weiter bedarf es dringender Änderungen im Medienrecht

(1) Der Schutz der Medienfreiheit gebietet, den „fliegenden Gerichtsstand" für Mediensachen aufzuheben. Den Interessen des Betroffenen ist dadurch Rechnung zu tragen, dass ihm die Wahl zwischen zwei Gerichtsständen eingeräumt wird. Für Unterlassungsansprüche gegen Medien sollte neben dem Gericht, in dessen Bezirk das Medienunternehmen seinen Sitz hat, nur das Gericht zuständig sein, in dessen Bezirk der Antragsteller seinen (Wohn-)Sitz hat.
Bislang ermöglicht es der § 32 der Zivilprozessordnung (ZPO) dem Betroffenen, sein Unterlassungsbegehren bei jedem Gericht geltend zu machen, in dessen Bezirk der Beitrag verbreitet worden ist. Für eine Entscheidung über die Verhinderung eines Beitrages in einem bundesweit verbreiteten Medium ist demzufolge jedes Landgericht in Deutschland örtlich zuständig. Der Betroffene kann deshalb frei wählen, welches dieser Gerichte er anruft („fliegender Gerichtsstand").

Medienunternehmen berichten, dass diese Rechtslage von Anwälten der Betroffenen zunehmend zu einer Art von „Gerichtshopping“ missbraucht wird: Haben sie mit ihrem Antrag bei dem einen Gericht keinen Erfolg, stellen sie ihn in leicht abgewandelter Form bei dem nächsten Gericht, bis sie eine Kammer finden, die die Verfügung erlässt.

(2) Das Eilverfahren zur Verhinderung von Medienberichten muss so gestalten werden, dass das betroffene Medienunternehmen eine faire Chance erhält, sich gegen den Unterlassungsantrag zur Wehr zu setzen.
Dazu gehört, dass es bei dem zuständigen Gericht nicht nur eine (vorbeugende) Schutzschrift einreichen kann sondern auch, dass das Gericht bei seiner Entscheidung in jedem Falle den Vortrag beider Parteien berücksichtigen muss. Dies kann nur angemessen gesichert werden, wenn der gerichtlichen Unterlassungsverfügung in jedem Falle eine mündliche Verhandlung vorgeschaltet ist.

Bislang kann es zu einem erheblichen Eingriff in die Berichterstattungsfreiheit der Medien bereits dann kommen, wenn es dem Betroffenen gelingt, die Veröffentlichung eines Medienberichts dadurch zu verhindern, dass er im Eilverfahren eine in der Sache nicht gerechtfertigte gerichtliche Unterlassungsverfügung erwirkt. Dies ist möglich, weil das Gericht im Eilverfahren den geltend gemachten Unterlassungsanspruch nur summarisch prüft und diese Prüfung allein auf eidesstattliche Versicherungen des Antragstellers stützen kann. Dass die in der Sache ungerechtfertigte Eilverfügung im anschließenden Hauptverfahren wieder aufgehoben wird, beseitigt die Schwere dieses Eingriffs zumindest bei aktuellen Berichten nicht.

Das angerufene Gericht kann derzeit wegen der Eilbedürftigkeit allein auf Grund der Angaben des Antragstellers ohne mündliche Verhandlung, gegebenenfalls sogar nur durch den Vorsitzenden, entscheiden (§§ 935, 944 ZPO).

Autorenliste

Max Stadler, FDP, Staatssekretär Bundesjustizministerium

Eva-Maria Michel, Justiziarin des Westdeutschen Rundfunks

Stephan Michelfelder, stellvertretender WDR-Justiziar
Ingolf Gritschneder, Autor
Gert Monheim, ehem. Redakteur WDR / die story

Gernot Lehr und **Dr. Christian Mensching LL. M.**, Rechtsanwälte, Sozietät Redeker Sellner Dahs, Düsseldorf

Martin W. Huff, Rechtsanwalt und Publizist unter anderem für die FAZ

Alexander Sättele, Rechtsanwalt, Kanzlei Ignor & Partner, Cicero-Anwalt, Berlin

Dr. Manfred Redelfs, Leiter der Greenpeace-Rechercheabteilung

Bertram Weiß, GEO-Autor

Prof. Dr. Udo Branahl, Universität Dortmund / Institut für Journalistik / Lehrstuhl für Medienrecht

Prof. Dr. Martin Beckmann, Rechtsanwalt, Kanzlei Baumeister Rechtsanwälte, Münster

David Schraven, Leiter Recherche, WAZ-Mediengruppe

Wir danken den Studenten der Universität Dortmund, Institut für Journalistik, für ihre Hilfe bei der Erstellung dieser Dokumentation

Benedikt Borchers, Anja Frenzel, Naemi Goldapp, Stefanie Häger, Sarah Keller, Daniel Klager, Stephan Kleibere, Martin Meuthen, Gerrit v. Nordheim, Pillip Oldenburg, Daniel Otto, Florian Riesewieck, Sarah Sauer, Katrin Schmidt, Natascha Tschernoster, Leonie Voss.

Sisyphos war ein glücklicher Mensch – 10 Jahre netzwerk recherche e. V.

FAQ's zur Arbeit von netzwerk recherche

Wie kam es eigentlich zur Gründungsidee von netzwerk recherche e. V.?

Ein Kristallisationspunkt war das Buch "Leidenschaft Recherche". Zwei Dutzend Kolleginnen und Kollegen haben hier ihre Recherche-Erfahrungen gebündelt und selbstkritisch reflektiert. Wenn man einen dicken Strich unter die Texte zieht und die Summe der Erkenntnisse bilanziert, kommt man zu einem simplen, aber auch ernüchternden Ergebnis: die meisten Rechercheure sind in ihren Redaktionen Einzelkämpfer, die ihr know how, ihre Niederlagen und Erfolge im eigenen Kopf speichern und ihre Erfahrungen nur selten weitergeben. Zweiter Befund – untereinander sind die Recherche-Solisten nur sehr lose vernetzt, nach dem Muster einer lose verkoppelten Journalisten-Anarchie. Diese Form der "splendid isolation" wollten wir auflösen und ein **Recherche-Erfahrungs-Cluster** aufbauen.
Dazu kam die persönliche Erfahrung nach einem Jahrzehnt im Feld des Magazin-Journalismus und der Feature-Produktion in der ARD. Recherche-Journalismus war auch hier immer wieder bedroht: fünftes Rad am Wagen, von Presseanwälten und betroffenen Lobbygruppen attackiert, unter Quotendruck und stets im Stahlbad politischer Interessen. Zudem drängte mich mein Kollege Oliver Merz (†) ausdauernd mit der Idee, man müsse sich zusammenschliessen, um diesen Tendenzen zu begegnen.

http://www.netzwerkrecherche.de/Projekte/Jahreskonferenzen/Gruendungsversammlung/
http://www.netzwerkrecherche.de/Publikationen/Buecher/Leidenschaft-Recherche-1999/

Was passierte bei der Gründungsversammlung Ende März 2001 in der Eifel?

Das war alles sehr überraschend. Der Sinnspruch: Nichts ist erfolgreicher als eine Idee, die zur richtigen Zeit kommt, stimmte offenbar. Mehr als 40 Kolleginnen und Kollegen reisten in ein abgelegenes Hotel bei Simmerath und gründeten "netzwerk recherche e. V."
Das breite Spektrum der damaligen Gründer – von Spiegel-Stars über Magazin-

macher bis hin zu freelancern – entspricht auch der heutigen Mitgliederstruktur. Das Fundament für einen Gründungskonsens war schon ausgeprägt. Da musste niemand mehr überzeugt werden. In unseren Kernpositionen waren wir uns einig. Die Programmklammer war **"Recherche fordern und fördern."** Der soziale Kitt bestand aus dem gewünschten Erfahrungsaustausch – frei nach Buber **"nichts ist wichtiger als die Begegnung."**

Warum wurde aus dem offenen Treffen gleich ein "eingetragener Verein" mit Satzung und Vorstand?

Ohne klare Verantwortung versickert der gute Wille im Nirwana.
In intensiver Vorarbeit hatte ein Kernteam einen Satzungsentwurf erarbeitet, der den zuvor gebildeten Konsens verdichtete. Im Nachhinein ein Glücksfall. Denn in der Rückschau dokumentiert die nun 10 Jahre alte Satzung eine ungewöhnliche Stabilität in den Programmen und Positionen. Bis heute musste noch kein Wort geändert werden. Das Programmfundament für den gemeinnützigen Verein ist sehr stabil.

http://www.netzwerkrecherche.de/Verein/
http://www.netzwerkrecherche.de/nr-Positionen—Positionen-des-netzwerk-recherche/

Warum wurde schon bei der Gründungsversammlung ein Vorstand gewählt?

Wir hatten uns ja eine Fülle von Projekten vorgenommen – von der klassischen Seminararbeit, Publikationen, Studien, Konferenzen, Programmpapiere etc. Irgendwer musste ja die Arbeit koordinieren und vorantreiben. Im Kreis einer chronisch überlasteten und gleichzeitig **hedonistisch veranlagten Berufsgruppe** – kein einfaches Unterfangen.
Georg Mascolo nahm die Dinge dann in die Hand und schrieb die an diesem Wochenende genannten Namen des denkbaren Vorstands auf einen Bierdeckel. Herauskam ein Vorstand, der die Philosophie des netzwerkes repräsentierte.

http://www.netzwerkrecherche.de/Verein/Vorstand/

Wie konnte die Gründung und die Aufbauarbeit funktionieren? Aus dem Nichts – ohne einen Pfennig, ohne Ressourcen und ohne Traditionsbezüge?

Der wichtigste Katalysator war die überzeugende Grundidee. Unsere Mission – eine vertiefte **Recherche als Qualitätsklammer** für den Journalismus zu pflegen und zu hegen – leuchtet ein und hat einen konkreten Nutzwert. Dazu klare Positionen, begründete Kritik an Missständen, Selbstkritik der Branche, für die Praxis nützliche Informationen. Dazu eine Fülle interessanter und kontroverser Veranstaltungen. Offenbar gab es in all diesen Themen einen 'blinden Fleck'.

Wie funktioniert die Kommunikation?

Alle gut 500 Mitglieder bekommen die Vorstandsprotokolle und die Projektskizzen aller wichtigen Vorhaben, verbunden mit der Bitte um Mitwirkung. Dazu gibt es stetige Informationen zu wichtigen Aspekten rund um die Netzwerk-Idee.
Jeden Monat kommt dann der **nr-newsletter**, der an einen grossen Verteiler gemailt wird und über das gesamte Leistungsspektrum von nr informiert.

http://www.netzwerkrecherche.de/Newsletter/

Warum ist die Programmarbeit für das netzwerk so wichtig?

Man braucht inhaltliche Leitplanken, um erkennbar zu sein und sich zu unterscheiden. Klare Positionen schaffen Aufmerksamkeit und Identität. In zehn Jahren haben wir eine Fülle gründlich erarbeiteter Papiere präsentiert. Unsere Programme sind Dauerbrenner und leiden nicht unter der sonst üblichen Halbwertzeit. Die Argumentationspapiere zu den Gefahren der PR für den Journalismus, zu den Schwächen des Wirtschaftsjournalismus oder jüngst zum Online-Journalismus verbinden stets **analytische Schärfe** in der Lagebeschreibung mit **praktischen Empfehlungen**.

http://www.netzwerkrecherche.de/Publikationen/nr-Werkstatt/15-Werte-und-Orientierungen/

Warum ist für das netzwerk recherche die Auseinandersetzung mit den Gefahren der PR so wichtig?

Weil sich kein anderer Journalistenverband und die meisten Jounalisten nicht mit dem Thema beschäftigen. **"Journalisten machen keine PR"** – Punkt fünf des nr-Medienkodex – war eine geniale Vereinfachung, die viele Diskussionen angeregt und Veränderungen eingeleitet hat. Der deutsche Presserat hätte ohne unsere Kritik seine Spruchpraxis in dieser Sache sicher nicht von selbst korrigiert. Aber auch hier gibt es noch viel Spielraum. Das Kernproblem: zu vielen Journalisten ist überhaupt nicht klar, daß sie einen besonderen Beruf mit besonderen Rechten, aber auch mit hoher Verantwortung ausüben. Die Unabhängigkeit und die Freiheit von Interessen ist schlicht konstituierend. PR will aber die Unabhängigkeit einkaufen und einseitige Interessen über die Medien wirkungsvoll durchsetzen.

http://www.netzwerkrecherche.de/nr-Positionen—Positionen-des-netzwerk-recherche/Medienkodex-des-netzwerk-recherche/

Was ist das wichtigste Projekt von netzwerk recherche?

Kein Zweifel: Die Jahreskonferenzen im Sommer im NDR in Hamburg. Selbst unsere Kritiker müssen eingestehen, dass hier die interessanteste und produktivste Konferenz "von Journalisten für Journalisten" stattfindet. Mittlerweile ist die nr-Konferenz in Hamburg **"a place to be"**, voller Überraschungen, ein Praxis-Camp, wo man seinen Akku aufladen und den Rohstoff für neue Inspiration bekommt.
Die Ergebnisse der Jahreskonferenzen werden dokumentiert.

http://www.netzwerkrecherche.de/Projekte/Jahreskonferenzen/

Was bringen die Publikationen – etwa die Reihe "nr-Werkstatt"?

Mittlerweile gibt es fast 20 Ausgaben – gedruckt und online. Nehmen sie die Ausgabe "Fact-Checking". Dort finden sie viele Informationen, die sonst auf dem Publikationsmarkt nicht zu bekommen sind. Unsere Strategie:
Verwaiste Themen in spannenden Konferenzen zu präsentieren und zu debattieren und dann die Ergebnisse zu veröffentlichen, hat sich bewährt. **Qualität kommt (nicht nur in diesem Fall) von Qual.**

http://www.netzwerkrecherche.de/Publikationen/nr-Werkstatt/
http://www.netzwerkrecherche.de/Publikationen/nr-Werkstatt/16-Fact-Checking/

Welche Bedeutung haben die anderen Publikationen und Studien?

Viele Studien, die wir angeregt und veröffentlicht haben, legen den Finger in die Wunde der Nichtbeachtung. Die Studien zu den neuen Nachrichtenfaktoren, zum Jour-nalismus in Brüssel, zu den Formatveränderungen im politischen Fernsehjournalismus oder jüngst zu der Krise des Lokaljournalismus, finden eine große Resonanz.
Im Lit-Verlag (Münster) publizieren wir eine **eigene Buchreihe**. Hier werden rund um den Themenkanon "Journalismus und Recherche" Dissertationen, Diplom- oder Magisterarbeiten veröffentlicht. Aus vielen
Unserer vier Mal jährlich stattfindenden **"Berliner Mediengesprächen"** entstehen

später **"nr-Dossiers"**, die das Wissen zum Thema kompakt speichern.

http://www.netzwerkrecherche.de/Publikationen/Studien/
http://www.netzwerkrecherche.de/Publikationen/Publikationen-im-LIT-Verlag/
http://www.netzwerkrecherche.de/Publikationen/nr-Dossier/

Warum äußert sich netzwerk recherche nur selten in der Öffentlichkeit?

Seit 10 Jahren gibt es den Grundsatz, dass wir uns nur in wirklich wichtigen Themen- und Konfliktfeldern äußern, die für uns zentral sind. Vor fünf Jahren haben wir wesentlich dazu beigetragen, dass ein **Informationsfreiheitsgesetz (IFG)** eingeführt wurde. Zu diesem Thema und seinen nicht zufrieden stellenden Entwicklungen äußern wir uns natürlich regelmäßig. Bei der Kürzung der Magazine in der ARD haben wir uns deutlich positioniert, auch wenn es dokumentierte Übergriffe der PR gibt (z. B. das Eon-Gutachten zu den Manipulationsversuchen rund um die Atomenergie), melden wir uns auch. Aber der Grundsatz gilt: **Substanz entscheidet**.

http://www.netzwerkrecherche.de/Projekte/

Welche Wirkung hat die "Verschlossene Auster", der Negativpreis von nr?

Schauen Sie sich die Liste der Preisträger an: Otto Schily, Ex-Bahnchef Mehdorn, Putin oder die katholiche Kirche: alle Preisträger haben – auch in der Rückschau – den Preis verdient. Übrigens gilt auch hier das **netzwerk-Prinzip der Kontroverse**. Alle Preisträger sind nach der Laudatio aufgefordert, auf die Kritik zu antworten.

http://www.netzwerkrecherche.de/Projekte/Verschlossene-Auster/

Welchen Stellenwert hat dagegen der nr-Positivpreis – der "Leuchtturm für besondere publizistische Leistungen"?

Einmal im Jahr wollen wir hervorragende Journalistenleistungen öffentlich würdigen. In den vergangenen Jahren ist eine imposante Liste von Preisträgern mit erstklassigen Recherchen zusammengekommen. Hier kommt es uns auch darauf an, die "stillen Stars" herauszufiltern und deren Leistungen zu vermitteln?

http://www.netzwerkrecherche.de/Projekte/Leuchtturm/

Was bedeutet "Recherche fordern und fördern" in der Praxis? Welche Erfolge haben die "Recherche-Stipendien" gebracht?

Die Recherche-Stipendien, die wir unter anderem in Kooperation mit der Otto-Brenner-Stiftung vergeben sind eine Erfolgsstory. Über einen längeren Zeitraum und mit der Unterstützung von Mentoren können junge Kolleginnen und Kollegen – gestützt auf ein Stipendium – ein Thema intensiv recherchieren. Der grösste Erfolg unserer Stipendien-Idee war aber sicher der **Schneeball-Effekt**. Zahlreiche Organisationen haben die Idee aufgegriffen und vergeben heute auch Recherche-Stipendien.

http://www.netzwerkrecherche.de/Ausbildung/

Wie finanziert sich netzwerk recherche?

Jedes Mitglied zahlt einen Jahresbeitrag von 60,- Euro, manche freiwillig etwas mehr. Konferenzen und Seminare werden überwiegend mit Teilnehmergebühren finanziert. Dazu kommen Mittel etwa der Bundeszentrale für politische Bildung, die uns bei der Durchführung der nr-Jahreskonferenz hilft. Unsere Geschäftsstelle mit einem halbtags beschäftigten Geschäftsführer wird von der Rudolf-Augstein-Stiftung gefördert. Publikationen – wie die nr-werkstätten – werden mit Hilfe von Anzeigen finanziert. Das Spendenaufkommen ist leider (bisher) nicht nennenswert. Und im übrigen gilt: die gesamte Arbeit wird ehrenamtlich getragen und die Ausgaben seit der Gründung nach Prinzipien der vielzitierten **"schwäbischen Hausfrau"** extrem sparsam gesteuert. Eine Stiftung "netzwerk recherche" befindet sich in Gründung und soll ab Juli 2011 die Arbeit aufnehmen.

Welche Rolle spielt der internationale Austausch?

Ein Vertreter unserer amerikanischen Schwesterorganisation "investigative reporters and editors" (ire) war schon bei der Gründung dabei. Wir sind mit den europäischen Netzwerken und Partnerorganisationen verbunden. Der Austausch wird auch während der nr-Jahreskonferenz gepflegt. Unsere Leistungsbilanz kann sich im europäischen Vergleich durchaus sehen lassen.

Mit welchen Journalistenorganisationen kooperiert nr?

In Deutschland vor allem mit dem ReporterForum und Reporter ohne Grenzen. Beide Organisationen bringen ihr Profil auch mit speziellen Angeboten während der nr-Jahreskonferenz ein. Mit anderen Journalistenverbänden gibt es u. a. den Austausch während Konferenzen und Seminaren im Rahmen der **journalistischen Begegnungsindustrie**.

Wo liegen 10 Jahre nach der Gründung die größten Klippen für netzwerk recherche?

Nach 10 Jahren haben wir einen Qualitätsstandard in allen Projekten erreicht, der für eine ehrenamtliche Organisation durchaus beachtlich ist. Diese Standards müssen wir halten und weiterentwickeln. Das ist ein ehrgeiziges Vorhaben, da sich nur wenige Journalisten über einen längeren Zeitraum für ein Projekt – mit allen notwendigen Organisationsaufgaben – verpflichten wollen. **Der zweite Skiurlaub ist offenbar attraktiver als die Organisation einer Fachkonferenz** etwa zum Thema "Gescheiterte Recherchen." Deshalb bleibt das Ziel, möglichst viele motivierte und zuverlässige Projektmitarbeiter zu gewinnen, die *ein* Thema oder *ein* Projekt betreuen. Dass dies immer wieder gelingen kann, beweist unsere Jahreskonferenz. Weit mehr als 100 Helfer und Mitwirkende sorgen für ein einmaliges Wissenvermittlungs-Experiment.

Wo steht netzwerk recherche in 10 Jahren?

Hoffentlich auf dem gleichen qualitativen Niveau wie heute. Als Anreger, Anstifter und Animateur für guten Journalismus. Quer zum mainstream und zum Herdentrieb der Branche. Immer noch "pain in the ass" für all diejenigen, die Recherche blockieren oder verhindern wollen. Ansonsten gilt der immer noch stimmige Sinnspruch: "Sisyphos war ein glücklicher Mensch."

Antworten von Thomas Leif, 1. Vorsitzender netzwerk recherche e. V.

netzwerk recherche

Presserecht

Herausgeber: netzwerk recherche e. V.
Geschäftsstelle, Stubbenhuk 10, 20459 Hamburg

Konzeption: Prof. Dr. Udo Brahnal

Redaktion: Prof. Dr. Udo Brahnal

Redaktionelle Mitarbeit: David Schraven, Gert Monheim, Prof. Dr. Thomas Leif

Gestaltungskonzept & Artwork: Nina Faber de.sign, Wiesbaden

ISBN: 978-3-942891-01-1

Druck: ColorDruck Leimen

info@netzwerkrecherche.de
www.netzwerkrecherche.de

Sie können die Arbeit von netzwerk recherche e. V. unterstützen:
Spendenkonto: Sparkasse Köln, Konto-Nr. 69863, BLZ 37050299
netzwerk recherche e. V. ist vom Finanzamt Wiesbaden als gemeinnützig anerkannt.